Dieser Band erscheint in der Buchreihe

„Mit Kreuzfahrtschiffen unterwegs auf den Meeren dieser Welt …"

W0464246

Harald Manger berichtet seit seiner ersten Kreuzfahrt im April 2005 auf der AIDAvita ausführlich über seine Erlebnisse auf den verschiedenen Schiffen der AIDA-Flotte und anderen Kreuzfahrtschiffen.

„Congratulations! Wirklich nicht nur ein informativer sondern auch richtiggehend schriftstellerischer Reisebericht. Schön zu lesen."

(aus dem Gästebuch auf www.generalalarm.de)

HARALD MANGER

MIT DER NEUEN MEIN SCHIFF 3 UNTERWEGS

Reisebericht einer Kreuzfahrt
6. - 13. Juli 2014

Valetta (Malta) - Dubrovnik (Kroatien)
Kotor (Montenegro) - Brindisi (Italien)
Korfu (Griechenland) – Valetta (Malta)

Impressum

Copyright © 2014 Harald Manger

Druck und Verlag:
epubli GmbH, Berlin, www.epubli.de

ISBN 978-3-7375-0818-6

Vorwort

Noch gut sechs Wochen – dann geht sie los: meine zweite Kreuzfahrt mit TUI Cruises. Meine erste Reise auf der Mein Schiff (damals noch ohne „1") war die sog. Vorpremierenfahrt, eine Kurzreise von Kiel nach Kopenhagen und zurück, die dem Kennenlernen des von TUI umgebauten Schiffs und dem Konzept von TUI Cruises dienen sollte.

Im Vorfeld bereits als „die neue AIDA" bezeichnet, waren die Erwartungen hoch. Doch leider wurden sie damals nicht wirklich erfüllt. Zu viele Kleinigkeiten haben (noch) nicht funktioniert, manches war einfach nur halbfertig und das mehrere Jahre alte Schiff zeigte dies an manchen Stellen auch recht deutlich. Das Urteil damals war daher eindeutig: „Nie wieder Mein Schiff!"

Seit dem sind rund fünf Jahre vergangen, aus „Mein Schiff" wurde die „Mein Schiff 1", es gibt inzwischen ein zweites Schiff und mit der „Mein Schiff 3" geht in diesem Jahr der erste eigene Neubau von TUI Cruises an den Start. Inzwischen hat TUI mit „Premium Alles Inklusive" ein neues Servicekonzept eingeführt und sich als eigenständige Kreuzfahrtreederei auf dem Markt einen Namen gemacht.

Zeit also, aus „Nie wieder Mein Schiff!“ ein „Auf ein Neues“ zu machen ... Und so freue ich mich jetzt auf meine zweite Kreuzfahrt mit TUI Cruises – eine Woche „Adria mit Kroatien“ auf der neuen Mein Schiff 3. Am 6. Juli 2014 geht es in Valetta auf Malta los bevor es nach Aufenthalten in Dubrovnik (Kroatien), Kotor (Montenegro), Brindisi (Italien) und Korfu (Griechenland) zurück nach Malta geht.

Und so wird dieser Reisebericht neben der ausführlichen Beschreibung dieser Reise auch immer mal einen Rückblick auf meine erste TUI-Erfahrung sowie natürlich auch einen direkten Vergleich zum Kreuzfahrtprodukt des Mitbewerbers AIDA Cruises enthalten – zwangsweise subjektiv (jeder hat ja andere Vorstellungen von „gut“, „schlecht“, „wichtig“ oder „nicht schlimm“), aber mit dem Versuch, die Unterschiede objektiv herauszustellen, so dass jeder die für sich „richtige“ Kreuzfahrt finden kann.

Wochen vor Beginn der Kreuzfahrt ...

Vorbereitung

Genau wie bei den anderen Reedereien geht es auch bei TUI bereits im Vorfeld der Reise mit der Planung los. Im Internet erfolgt die Reiseplanung unter „Meine Reise“ (vergleichbar mit „MyAI-DA“). Für die Anmeldung ist auch hier neben dem Namen die Buchungsnummer (hier „Vorgangsnummer“ genannt) notwendig.

Und auch die „Erstmaßnahme“ unterscheidet sich nicht von den anderen Reedereien – zunächst ist einmal das Schiffsmanifest mit allen persönlichen Angaben, den Passdaten, den Ansprechpartnern in Notfällen usw. zu erstellen. Dies wird bis spätestens sechs Wochen vor Reisebeginn erwartet – idealerweise erfasst man die Daten also gleich nach Buchung – dann geht auch nichts vergessen.

Weiterhin lassen sich hier Spa- und Sportangebote buchen, ein Tisch in einem der Spezialitätenrestaurants reservieren und natürlich Landausflüge buchen. Doch dazu später mehr.

Im Unterschied zu AIDA finden sich hier aber noch zwei weitere Menüpunkte: „Zeitungsbestellung“ und „Diätkost & Allergien“. TUI schreibt hierzu: *„Sich richtig wohlzufühlen ist vor allem eine Frage der Ernährung. Aus diesem Grunde bieten wir Ihnen auf der Mein Schiff 3 eine individuelle Betreuung bei allen gängigen Lebensmittelallergien/ -unverträglichkeiten und Diäten.“* Und folgerichtig kann man an dieser Stelle Angaben zu Unverträglichkeiten (Diabetes, Laktose- oder Glukoseintoleranz) machen, aber in Freitextfeldern auch andere Allergien aufführen und Angaben zu Alternativprodukten machen. Um jetzt nicht falsch verstanden zu werden – all' das kann man auch bei AIDA machen – hierzu spricht man am Anreisetag einfach mit dem Restaurantchef – bei TUI kann man sich so aber bereits im Vorfeld auf die Gäste einstellen.

Der zweite Punkt „Zeitungsbestellung“ bietet den Gästen die Möglichkeit, für die Dauer ihrer Reise ihre Lieblingszeitung zu bestellen. Natürlich handelt es sich dabei nicht um die Originalzeitungen sondern um geheftete DIN A3-Exemplare, die an Bord gedruckt werden. Für diesen Service berechnet TUI je Tag und Zeitung 4,00 € (im Abonnement für die jeweilige Reise) bzw. 4,50 € für Einzelexemplare. Suitengäste erhalten ihre Wunschzeitung kostenfrei auf die Kabine geliefert. Folgende

Zeitungen können hierbei ausgewählt werden: Die WELT, WELT Kompakt, WELT am SONNTAG, Süddeutsche Zeitung, Westdeutsche Allgemeine Zeitung, Handelsblatt und das Handelsblatt Weekend. Österreichische und Schweizer Gäste haben die Auswahl zwischen Der Standard, Die Presse, Wirtschaftsblatt, Der Bund und Sonntagszeitung (warum es da unterschiedliche Angebote gibt, erschließt sich mir allerdings nicht wirklich).

Aber wie dem auch sei – Lebensmittelunverträglichkeiten habe ich keine, also abonniere ich stattdessen mal eine Zeitung auf die Kabine – das will ich ja schon mal testen ... Und da meine Reise an einem Sonntag beginnt und endet, entscheide ich mich mal für die WELT am SONNTAG – da müsste dann ja direkt nach Anreise eine auf meiner Kabine liegen. Ich bin mal gespannt ...

Spätestens an dieser Stelle merkt man jetzt übrigens, dass es sich bei TUI um ein recht junges Produkt handelt. Der Bereich „Meine Reise" stellt sich aus einem Guss dar, alle Menüpunkte sind gleich dargestellt und aufgebaut und sehr übersichtlich. Im Vergleich zu MyAIDA ist dieser Bereich sehr aufgeräumt – bei AIDA merkt man durchaus, dass sich die Technik in den letzten 18 Jahren weiterentwickelt hat. Ein Teil des Angebotes in MyAIDA wirkt da noch etwas altbacken, manche Sachen sind in den letzten Monaten neu entwickelt und designed worden und alles ist irgendwie unter einer Oberfläche zusammengefasst worden – so ein bisschen fehlt da aber der berühmte „rote Faden". Nicht bei jedem Klick ist die Reaktion vorhersehbar und manches Mal landet man irgendwo, nur nicht da, wo man eigentlich sein wollte. Wie gesagt – das ist einfach einer mehrjährigen Entwicklung geschuldet – fällt aber im direkten Vergleich noch deutlicher auf.

Jetzt aber wie versprochen zu den Landausflügen. Insbesondere hier hebt sich die Gestaltung des Reiseplanungsbereichs „Meine Reise" deutlich vom AIDA-Pendant ab. In einer übersichtlichen Liste sind alle Ausflüge der Reise, sortiert nach Häfen tabellarisch aufgeführt. Ein Klick auf den Ausflugstitel öffnet ein Popup-Fenster mit allen Detailinformationen zu diesem Ausflug (ohne dabei die ganze Ansicht zu verlassen). Gebucht wird dann einfach durch Setzen eines Hakens hinter dem entsprechenden Ausflug, wobei aktuell nicht oder nur an Bord buchbare Ausflüge entsprechend gekennzeichnet sind. Mit einem Klick auf den Speichern-Button sind die entsprechend ausgewählten Ausflüge gebucht; eine Bestätigung per E-Mail kommt sofort. Umfangreiche Eingaben von Namen, Adressen und Kreditkartendaten entfallen an dieser Stelle. Stornierungen und Änderungen sind dabei bis zu sieben Tage vor der Reise möglich (ob – wie bei AIDA – Stornierungen und Umbuchungen an Bord bis zum jeweiligen Buchungsschluss noch möglich sind, muss ich dann noch klären. Wenn nicht, wäre das ein deutlicher Nachteil gegenüber AIDA).

Dafür – und das ist wiederum ein deutlicher Vorteil – werden die Ausflüge erst während der Reise dem Bordkonto belastet und nicht – wie bei AIDA – sofort bei Buchung in Rechnung gestellt. Und dabei kann es sich ja schon mal um mehrere Monate handeln, die man seine Ausflüge bei AIDA im Voraus bezahlen muss (ich habe beispielsweise bereits im März Ausflüge für den April des kommenden Jahres gebucht – und bezahlt).

Schön ist übrigens, dass viele Halbtagesausflüge sowohl in einer Vormittags- als auch einer Nachmittagsversion buchbar sind – so lassen sich entweder zwei Halbtagsausflüge kombinieren oder die persönliche Wunschzeit auswählen. Bei AIDA beginnen auch Halbtagsausflüge i.d.R. im Laufe des Vormittags – eine Kombination von zwei Halbtagsausflügen ist zumindest mir bislang noch nicht gelungen. Das wiederum geht bei TUI zumindest bei den 4-Stunden-Ausflügen problemlos.

Und noch etwas ist anders: in fast allen Häfen besteht die Möglichkeit, einen privaten Minivan und/oder einen privaten deutschsprachigen Reiseleiter für 5 - 14 Personen (die Anzahl ist abhängig von den im jeweiligen Hafen zur Verfügung stehenden Vans) zu buchen – das ist zwar kein billiges Vergnügen, aber an Individualität vermutlich kaum zu überbieten. So kostet beispielsweise ein Minivan für acht Stunden mit privatem Reiseleiter in Kotor 840 € für bis zu zehn Personen. Nimmt man das Angebot mit zehn Personen an, liegt der Preis pro Person bei 84 € für einen ganzen Tag inklusiv privatem Reiseleiter. Bucht man das jedoch nur mit einer vierköpfigen Familie, fällt der Preis mit gut 200 € p.P. natürlich deutlich teurer aus. Wer jedoch einen individuellen Landausflug machen will, wird kaum eine bequemere und individuellere Lösung finden können.

Und da das alles so problemlos geht, habe ich bereits meine Landausflüge gebucht: in Dubrovnik verbringe ich einige entspannte Stunden am Meer und in Kotor habe ich nachmittags einen Transfer zum Jaz Beach gebucht.

Im Übrigen habe ich vor ein paar Wochen schon mal in „Meine Reise“ geschaut – und dabei festgestellt, dass meine Flüge ab Frankfurt eher suboptimal liegen. Bei der Anreise fliege ich zwar erst am Nachmittag ab, komme dafür aber auch erst zum Abendessen aufs Schiff – das habe ich mir ja eher anders gedacht, immerhin habe ich ja ein unbekanntes Schiff zu erkunden. Und bei der Abreise fliege ich zwar abends (habe also noch einen ganzen Urlaubstag auf dem Schiff), wäre aber genau während des WM-Endspiels im Flieger (und das geht ja nun mal gar nicht).

Ich habe daraufhin kurze Rücksprache mit meinem Reisebüro gehalten, die die Flugzeiten zum einen so bestätigen, aber zum anderen keine alternativen Flüge über TUI bekommen konnten, da es offensichtlich nur diese beiden Verbindungen ab bzw. nach Frankfurt gibt (wer fliegt eigentlich so ein Flugzeug während eines WM-Endspiels?). Von daher ist klar, dass es ein alternativer Flughafen werden muss. Glücklicherweise wohne ich ja zentral genug, so dass die Flughäfen von Köln, Düsseldorf und Stuttgart auch innerhalb von weniger als zwei Stunden erreichbar sind – und siehe da: es gibt eine Alternative.

So fliege ich jetzt bereits morgens um halb sechs von Köln nach Malta (und bin damit schon zum Frühstück auf dem Schiff) und mittags zurück nach Düsseldorf. Nach Köln fahre ich dann bereits am Samstagmittag mit dem ICE vom Flughafen Frankfurt zum Flughafen Köln/Bonn und mache mir noch einen schönen Tag im Leonardo Hotel am Flughafen während ich nach dem Rückflug direkt mit dem ICE von Düsseldorf zurück nach Frankfurt fahre – und damit am frühen Abend so rechtzeitig zurück bin, dass noch genügend Zeit ist, das deutsche Trikot für das Endspiel anzuziehen und die schwarz-rot-goldene Flagge im Garten zu hissen (hoffentlich lehne ich mich da jetzt nicht zu weit aus dem Fenster). Und da bei TUI das Rail-and-Fly-Ticket im Reisepreis enthalten ist, kosten die zusätzlichen Bahnfahrten noch nicht einmal etwas ...

So, nachdem das jetzt auch geklärt ist, kann ich mich ja mal ganz entspannt zurücklehnen und warten bis die Reiseunterlagen kommen ... denn: Vorfreude ist ja schließlich die schönste Freude!

Noch zwei Wochen ...

Bald geht es los ...

Noch knapp zwei Wochen – dann ist es soweit. Und heute werde ich wieder daran erinnert, als ich beim Öffnen des Briefkastens den Umschlag von meinem Reisebüro finde, in dem die Reiseunterlagen für die Kreuzfahrt zu finden sind.

Und wer Kreuzfahrten mit AIDA kennt, wird an dieser Stelle nicht so richtig überrascht sein: von der farblichen Gestaltung abgesehen, sind die Unterlagen fast identisch. Fast deshalb, weil das Heft mit Informationen und Tickets bei TUI Cruises meiner Meinung nach einen Tick "edler" aussieht. Aber auch das ist sicher Ansichtssache – und schon gar kein Kriterium für die Wahl der Reederei.

Neben der Übersicht über den Reiseverlauf finden sich in diesem Heft die Voucher für "Zug zum Flug", also die Bahnanreise zum Abflughafen, das E-Ticket für den Flug und das Schiffsticket sowie die beiden Voucher für den Transfer zwischen Schiff und Flughafen und natürlich die obligatorischen Kofferanhänger (die im Gegensatz zu AIDA nicht zusammengeklebt sondern in einer kleinen Bastelarbeit zusammengesteckt werden).

Und somit wird es jetzt aber wirklich Zeit, die Tage zu zählen – zumal der Wetterbericht für das Zielgebiet außerordentlich gut aussieht: jeden Tag zwischen 13 und 14 Sonnenstunden und Temperaturen jenseits der 30°C-Marke ... ☺

"Tage zählen" ist übrigens das Stichwort: genau eine Woche vor Abfahrt erreicht mich eine E-Mail von TUI Cruises: "Willkommen zu Ihrer Woche voller Vorfreude!"

Für jeden Tag bis zur Abfahrt gibt es eine kleine Information, ein To-Do oder einen Tipp. So sehe ich zum Beispiel, dass ich heute letztmalig die Chance habe, Landausflüge zu buchen oder Tische in den Restaurants zu reservieren. Für morgen erhalte ich einen Hinweis auf den Sicherheitsfilm, den ich mir vorsorglich schon mal im Internet zu Hause anschauen kann (finde ich übrigens eine gute Idee!). Drei Tage vorher finde ich den Link zu den unzähligen Folgen von MeinSchiff.TV zur Einstimmung sowie die Erinnerung, mich um jemanden zu kümmern, der meine Blumen gießt (welche Blumen eigentlich?) und am Tag vor der Abfahrt kann ich einen virtuellen Rundgang über das Schiff machen. Nett gemacht.

Tja, und die "Woche voller Vorfreude" ist damit auch vorbei – morgen geht es endlich los. Ich freue mich!

Samstag, den 5. Juli 2014

Vortagesanreise nach Köln

Endlich geht es los. Naja, fast zumindest. Die erste Teilstrecke meiner Anreise, die Fahrt nach Köln steht für heute an. Um 12.37 Uhr geht mein Zug vom ICE-Bahnhof am Frankfurter Flughafen, so dass mich Tanja freundlicherweise eine Stunde vorher zu Hause abholt und zum Bahnhof fährt. Mit dem Umbau des Bahnhofsgebäudes am Flughafen und die Integration in das Squaire (so heißt das Gebäude heute) gibt es dort auch einige Kiss-and-Ride-Parkplätze (darf man übrigens auch nutzen, wenn man das mit dem "kiss" weglässt), so dass der Weg vom Auto bis zum Zug nur noch wenige Meter beträgt. Also alles sehr gechillt.

Und erwartungsgemäß zu früh. Bis zur Abfahrt meines Zuges dauert es noch rund eine halbe Stunde, so dass ich den Weg zum Gleis nach etwa der Hälfte unterbreche, um in die Bahn Lounge zu wechseln. Dank Comfort-Status (es lohnt sich also doch, ab und zu mal geschäftlich Bahn zu fahren) kann ich so die Wartezeit zumindest mit einem Cappu auf Kosten der Bahn überbrücken.

Auf den Monitoren verfolge ich derweil das Geschehen im Bahnhof und stelle erstaunt fest, dass praktisch kein Zug fehlerfrei verkehrt. Dem einen fehlt der Wagen 6, bei zwei anderen ist die Wagenreihenfolge vertauscht (eines der aus meiner Sicht ungelösten Rätsel des Bahnverkehrs – es kann doch eigentlich nicht so schwer sein, die Dinger richtigrum zusammen zu bauen) und beim nächsten gibt es "keinen gastronomischen Service". Naja, eigentlich gibt es den ja auch nicht, wenn es ihn gibt – zumindest ist mir in der Bahn noch kein gastronomisches Highlight bewusst aufgefallen ... lediglich das warme Käse-Schinken-Sandwich ist ganz lecker.

Und mein Zug? Nun, der scheint fehlerfrei zu verkehren – zumindest ist dem Monitor nicht zu entnehmen, dass irgendwas nicht stimmt. Also gehe ich mal frohen Mutes in Richtung Gleis 7 – und stelle fest, dass mein Zug offensichtlich 12 Minuten früher fährt als ich mir das aufgeschrieben habe (zumindest steht das so auf der "Wagenstandsanzeige"). Das wäre jetzt natürlich doof, da er dann schon weg wäre ...

Ist er aber nicht ... die Abfahrtstafel zeigt ihn so an wie er in meinem Kalender steht. Scheint also einfach nur Bestandteil des üblichen "Bahn-

Durcheinanders" zu sein. Und siehe da – pünktlich um 12.37 Uhr fährt er in den Bahnhof ein. Wagen 29 steht auch fast da, wo er zu erwarten gewesen wäre, mein Platz ist frei und die angezeigte Reservierung stimmt. Also alles gut – jetzt kann es also losgehen in Richtung Köln.

Dort findet an diesem Wochenende der CSD statt, was sich auch im Zug ein bisschen bemerkbar macht. Trotz Klimaanlage ... ;-) Ist aber ein nettes Publikum, so dass die Fahrt nach Köln echt witzig wird. Schade, dass ich am Flughafen schon raus muss (das ist der einzige ICE, der die beiden Flughäfen ohne Umsteigen mit einander verbindet) ...

Und hier geht's erst mal nicht weiter. Das Leonardo Hotel soll zwar nur 300 m entfernt sein, ist aber weder zu sehen noch ist es ausgeschildert. Schlecht. Also bemühe ich mal das iPhone in dieser Sache – und siehe da, es ist am anderen Ende des Flughafengeländes. Und zwar Luftlinie in der Tat nur 300 m entfernt, der Fußweg beträgt aber 1,1 km. Und das ist mir jetzt mit Reisetasche und Rucksack dann doch zu viel.

Also schnappe ich mir das erste Taxi, nenne dem Fahrer meinen Fahrtwunsch und erfahre, dass ich wieder aussteige. Denn Fahrten dieser Entfernung macht absprachegemäß in Köln immer das letzte

Taxi ... und das ruft er mir jetzt. Eine Minute später sitze ich daher bei "Hennes" im Auto und bin fünf Minuten und fünf Euro später auch schon wieder draußen – ist halt in der Tat nur ein guter Kilometer bis zum Hotel.

Dort ist bereits alles für meinen Aufenthalt vorbereitet – eine Unterschrift auf dem Anmeldeformular und gut ist. Selbst die Zugangsdaten für das (eigentlich kostenpflichtige) WLAN liegen schon bereit (für Leonardo Club Mitglieder ist das allerdings kostenfrei). So mag ich das .... Ich mache mich noch kurz schlau, ob es heute Abend so etwas wie ein "Public Viewing" im Hotel gibt und werde an die Bar verwiesen – hier würden die Spiele übertragen werden. Na fein, dann kann ich das gleich mit einem Snack zum Abendessen verbinden.

Bis es soweit ist, gehe ich aber erst mal kurz auf mein Zimmer. Im fünften Stock, nach hinten raus (und damit ruhig) gelegen, findet sich meine Unterkunft für die nächste Nacht. Ein bequemes King-Size-Bett lädt zum Verweilen ein ... und in der Tat, mein Versuch, den Focus der letzten Woche endlich mal zu lesen, scheitert kläglich. Als ich eine gute Stunde später wieder aufwache, ist er noch auf Seite 9 aufgeschlagen – da bin ich offensichtlich nicht ganz fertig geworden ...

Aber egal – es ist ja rechtzeitig bis zum Fußball ... also gehe ich kurz vor 18.00 Uhr in die Hotelbar, ergattere noch einen schönen Platz an der Theke, ordere erst einmal ein Kölsch (leider nur Sion) und schaue im Kreise anderer Interessierter die Partie Argentinien gegen Belgien.

Und auch wenn mein Tipp im Vorfeld (1:1) nicht ganz erreicht wird, ist es ja zumindest ein interessantes Spiel. Und bis kurz vor sieben ist auch alles in Ordnung – dann fällt allerdings eine englische Reisegruppe in der Bar ein, die sich offensichtlich zum Dinner verabredet und wohl entschieden hat, im Vorfeld noch einen Schoppen zu trinken. Und sich dabei zu unterhalten. Und zwar nicht über Fußball. In Englisch. Und – vor allem – lauter als Bela Rety. Und auch wenn der in der Regel nichts sonderlich Intelligentes oder gar Aufregendes sagt, ist das ziemlich störend.

Und so bin ich (und mit mir auch alle anderen in der Bar) heilfroh, als die Reiseleiterin quer durch die Bar ruft:" Dinner is served!" und rund 30 Engländer schlagartig die Location wechseln.

Parallel dazu kommt übrigens auch mein Cheeseburger (220 g Rindfleisch) – und das wird auch Zeit, ist das letzte Essen doch das Frühstück gewesen. Der sieht übrigens so lecker aus, dass auch der

Typ am Tisch neben mir so einen haben will. Und das tut er dem Kellner kund, indem er auf meinen Burger zeigt und mitteilt: "Ich hätte gern das, was der Herr dort hat."

Und was jetzt kommt, ist kein Witz (auch wenn es den schon jahrelang gibt) – der Kellner antwortet staubtrocken: "Gern, ich weiß aber nicht, ob er ihn hergibt." Nur zur Ergänzung: ich habe ihn nicht hergegeben ... ;-)

So, der Burger ist gegessen, Argentinien hat gewonnen (und ich damit keine Punkte bei unserer Tipprunde gesammelt) und ich weiß, dass mein iPhone (und die Weckfunktion des Hoteltelefons) um 3.00 Uhr zum Aufstehen blasen – und von daher beschließe ich, das zweite Spiel im Bett anzusehen (und dabei idealerweise einzuschlafen).

Nun, wer das Spiel der Holländer gegen Costa Rica auch gesehen hat, weiß, dass das keinen Anlass zum Einschlafen gegeben hat. Und so wird es dann mit Verlängerung und Elfmeterschießen doch wieder fast 1.00 Uhr bis ich im Reich der Träume versinke (und gefühlt nach wenigen Minuten wieder aus dem Schlaf gerissen werde).

Aber in der Tat ist es tatsächlich 3.00 Uhr – und somit Zeit für einen neuen Tag ...

Sonntag, den 6. Juli 2014

Anreise nach Valetta (Malta)

3.00 Uhr – das Telefon klingelt, das iPhone vibriert vor sich hin ... Harald muss aufstehen. OK, normalerweise macht man das ja gern, wenn es in den Urlaub geht – im Moment ist es aber so ein bisschen wie bei einem Feuerwehralarm in der Tiefschlafphase: der Körper sagt nein, das Gehirn widerspricht und setzt sich durch.

Ich schwinge mich aus dem Bett. Naja, so ähnlich ... und schleppe mich ins Bad. Im Spiegel begrüßt mich ein mir unbekanntes Gesicht. Egal, ich rasiere es trotzdem und putze ihm die Zähne. Und so langsam erkenne ich mich ... und spätestens nach dem Duschen (ich habe das Wasser ein bisschen kälter als gewöhnlich eingestellt) beginne ich, mich wieder wie ein Mensch zu fühlen. Und zwar wie einer, der sich jetzt gleich auf den Weg zu einer tollen Kreuzfahrt mit einem (fast) neuen Schiff macht.

Um kurz nach halb vier checke ich aus und werde wenige Minuten später mit dem hoteleigenen Shuttle direkt zum Terminal 2 gebracht, damit ich mein

Gepäck bei air berlin abgeben kann. Eingecheckt habe ich gestern bereits über das Internet (meinen Sitzplatz in der Exitrow hatte ich wie immer bereits im Vorfeld reserviert), so dass meine Bordkarte bereits in Passbook auf meinem iPhone schlummert.

Die Check-In-Schalter von air berlin sind recht voll, der Baggage Drop-Off dagegen leer. Das trifft sich gut – und so steht meine Reisetasche wenige Sekunden später bereits auf dem Band. Die Waage zeigt 17,5 kg – und ich bekomme einen Schreck. Meine Kofferwaage zu Hause hat nämlich 22,5 kg angezeigt (also gerade unter dem erlaubten Limit von 23 kg). Und das einzige, was ich seit der Abreise zu Hause aus der Tasche genommen habe, ist der Focus, den ich gestern Abend im Hotel gelesen habe. Und da der keine fünf Kilo wiegt, gehe ich im Kopf alles durch, was ich im Hotel ein-, aus und umgepackt habe. Und vor allem, wo ich fünf Kilogramm Gepäck hingelegt habe.

Und das schlimmste: mir fällt nichts ein. Im Prinzip ist alles noch in der Tasche, was auch zu Hause drin war. Ergo: die Kofferwaage hat einen Schlag – oder ich hätte den Wert nicht ohne Brille ablesen sollen ... aber wie auch immer: entweder ist alles drin oder ich merke spätestens auf dem Schiff, was noch in Köln im Hotel liegt.

Unterdessen bekomme ich meinen Gepäckaufkleber in die Hand gedrückt mit dem Hinweis, ich solle ihn gut aufheben. Denn mangels Bordkarte könne man ihn ja nirgendwo draufkleben. Stimmt – und in der Vergangenheit hat man daher unnötigerweise eine Bordkarte ausgedruckt, damit man ihn dann halt doch irgendwo draufkleben kann. Von daher: gute Entwicklung – ich stecke ihn jetzt einfach mal so ins Portmonee (für diejenigen, die eher so meiner Generation entstammen und mit der Rechtschreibreform so gar nichts anfangen können – ich meine "Portemonnaie") und schaue mal, ob es hier irgendwo was zum Frühstück gibt. Schließlich bin ich nun ja wie gefordert 90 Minuten vor dem Abflug da gewesen und habe eigentlich nur zwei davon gebraucht.

Also ab zu McDonald's – so ein McMuffin Bacon & Egg wär' jetzt genau das richtige. Doch was ist das? 4.15 Uhr ist (noch) keine Frühstückszeit – das ist noch später Abend ... Von daher: Kommando zurück – denn auf einen BigMac habe ich jetzt in der Tat keinen Appetit.

Also mache ich mich erst mal auf den Weg durch die Sicherheitskontrolle. Die Schlange hier ist ebenfalls überschaubar – die gibt es nämlich nicht. Ich lege meinen Rucksack aufs Band, packe vorher meine Technik und meinen "wiederverschließbaren, durchsichtigen Plastikbeutel" mit den Flüssigkeiten in einen Kasten und kann dann passieren. Natürlich piepst es (dieses Mal wird es der Gürtel gewesen sein, den ich nicht ausziehen sollte – und als er den beim Absonden sieht, bricht er auch gleich ab ... womit alles andere dann übrigens nicht entdeckt worden wäre) und natürlich müssen iPad und MacBook hinterher noch zum Sprengstofftest. Und natürlich findet man (wieder mal) nichts ...

Aber wie auch immer – Zeit ist ja noch genug. Ich hole mir am Kiosk noch eine Sonntagszeitung und stelle mich in die Schlange derjenigen, die an einem Imbissstand auch eine Kleinigkeit frühstücken wollen. Ein Salamibrötchen und ein Cappu müssen reichen – im Flieger wartet ja auch noch mal was auf mich. Und stelle dabei übrigens fest, dass man bei McDonalds da doch wohl nicht so falsch lag: es gibt eine nicht unerhebliche Anzahl von Menschen, die anstelle eines Cappus ein Kölsch bestellen – scheint also für viele doch eher noch später Abend zu sein. Denn ich vermute mal nicht, dass das deren Frühstück sein soll ...

Und dann heißt es wieder warten. Ich schlendere zu meinem Gate und widme mich fast eine Stunde meiner Sonntagszeitung bis es dann endlich mit dem Einsteigen losgeht. Irgendwie kriege ich das mit dem Just-in-time ja nicht so wirklich hin: entweder habe ich so viel Zeit eingeplant, dass ich stundenlang warten muss oder es wird so knapp, dass ich mit heraushängender Zunge zum Flieger hechele. Nur das Mittelding, also so zehn Minuten vor dem Boarding am Gate aufzutauchen, das schaffe ich irgendwie nicht.

Aber ist jetzt ja eigentlich auch egal ... ich warte ab, bis die Massen im Flieger sind und schlendere dann hinterher. Nach mir schließt sich die Tür und auf dem Weg zum Platz höre ich schon die Durchsage "Boarding completed". Mein Platz in der Notausgangsreihe ist wie erwartet noch leer und auch mein Rucksack findet noch ein Plätzchen in der Ablage über mir. Ich schnalle mich an – und schon geht's auch los. Der Flieger rollt in Richtung Startbahn.

Über den Flug gibt es nicht wirklich viel zu berichten. Das gereichte Essen ist wie immer überschaubar gut (ein belegtes Brot mit Käse oder Salami) – aber dafür hat das von mir im Vorfeld zusätzlich bestellte spanische Omelette (also eigentlich eher eine Tortilla) richtig gut geschmeckt. Die 6,50 € haben sich wirklich gelohnt (@Michi: nein, es ist mir auch dieses Mal nicht peinlich gewesen, als einziger im Flieger was Ordentliches zu essen).

Der weitere Flug verläuft sehr ruhig – lediglich meine Sitznachbarin will mit mir noch eine kleine Diskussion über die Einstellung der Luftdüsen führen. Sie befand es nämlich als gute Idee, die Frischluftdüse über mir komplett aufzudrehen – das Ergebnis sind eingefrorene Gesichtszüge bei mir. Das zieht nicht nur wie Hechtsuppe, das ist auch saukalt. Meinem Hinweis, dass das "meine" Düse sei und ihre die daneben (und damit verbunden wir jetzt meine wieder zudrehen) hat sie allerdings nicht vollumfänglich folgen können: ja, das wisse sie schon – aber wenn sie ihre aufdrehen würde, würde ihr das immer so ins Gesicht ziehen. Ja, nee, is klar. Ach ja, meine Düse ist jetzt wieder zu .... ☺

Es ist jetzt kurz nach acht, die Sonne lacht durch die Flugzeugfenster und unsere Co-Pilotin setzt zur Landung an. Kurz darauf stehen wir auf dem Vorfeld (der Flughafen hier ist übrigens genau so überschaubar groß wie der in Köln) und wechseln in die bereitstehenden Busse. Der fährt zwei Mal um die Ecke, dann können wir auch schon wieder aussteigen und uns in Richtung unseres Gepäcks bewegen.

So etwas wie eine Passkontrolle gibt es hier – zumindest für uns - nicht (hat wohl was mit der EU zu tun), so dass wir zeitnah am Gepäckband stehen. Und wie immer würden die meisten am liebsten wohl direkt auf dem Band stehen ... echt unglaublich – wenn da jeder mal einen Meter Abstand halten würde, könnte zum einen jeder sehen, ob sein Koffer auf dem Weg ist und diesen dann auch problemlos herunterheben. Aber nein, lieber ganz am Band stehen und dann noch nicht mal Platz machen ...

Naja, da passiert es dann schon mal, dass einem die Reisetasche eines Reisenden etwas unglücklich ans Schienbein donnert - tut mir ja echt leid und war auch wirklich keine Absicht ...

Direkt am Band stehen übrigens die ersten Mitarbeiter von TUI Cruises und unterstützen beim Anbringen der Gepäckanhänger (ich erinnere an die seinerzeit bereits erwähnte Bastelarbeit) bzw. stehen mit neuen Anhängern bereit, wenn die alten den Flug nicht überlebt haben. Finde ich schon recht serviceorientiert – vielleicht ist ja tatsächlich was dran am "Wohlfühlschiff"?

Ich mache mich zwischenzeitlich auf den Weg zum Ausgang, folgende den TUI-Schildern (zum Glück steht niemand mit AIDA-Schildern da – ich wäre aus Gewohnheit bestimmt hinterhergelaufen) bis zu den Shuttlebussen. Hier wird der Voucher eingesammelt, meine Tasche verladen und ich in den Bus geschickt. Und kurz darauf geht es auch schon los. Die Fahrt zum Hafen dauert überschaubar lange (ich schätze mal maximal 10-15 Minuten) und dann liegt sie auch schon da: die Mein Schiff 3. Und ich muss sagen, dass sie auf den ersten Blick gar nicht mal so hässlich ist. OK, dieses dunkelblau am Rumpf ist nicht meine Farbe – aber ansonsten sieht das Teil schon mal echt nach Schiff aus.

Zunächst steht uns aber der Check-In bevor. Und wer jetzt hier Abweichungen zu dem Procedere bei AIDA erwarten würde, liegt falsch. Alles läuft genau gleich ab. Das Gepäck bleibt im Bus, während wir uns auf den Weg in ein Kellergewölbe machen, in dem die Check-In-Schalter aufgebaut sind. Fünfzehn Schalter stehen dabei zur Verfügung, wobei es einen separaten Schalter für die Suitengäste gibt. Was es nicht gibt, ist ein separater Schalter für "Vielfahrer" – ich weiß aber auch gar nicht, ob es da ein entsprechendes Programm gibt. OK, und da wäre ich mit bisher erst einer Reise wohl auch noch nicht dabei ... ;-)

Da wir relativ früh sind, ist hier aber auch nicht wirklich viel los, so dass ich nach knapp zehn Minuten an einem freien Schalter stehe. Ob ich schon mal mit Mein Schiff unterwegs gewesen wäre, werde ich gefragt. "Zählt die Vorpremierenfahrt der Mein Schiff 1 dazu - dann ja." Sie zählt, ich bin Stammgast - und wüsste dann ja, wie alles funktioniert. Hm, naja, eigentlich weiß ich nicht wirklich was – zumal damals ja eigentlich auch fast nichts so funktioniert hat wie es hätte funktionieren sollen. Aber gut, vielleicht reicht ja auch ein bisschen Kreuzfahrterfahrung mit dem Mitbewerber ... ;-)

Ich nehme meinen Reisepass und meine Kreditkarte wieder in Empfang und erhalte meine Bordkarte und eine Handtuchkarte. Und da geht es schon los ... was mache ich mit der? Ich erfahre, dass es auf dem Pooldeck einen Handtuchcounter gäbe, an dem ich gegen diese Karte ein Poolhandtuch erhalte. Dieses könne ich während der Reise jederzeit gegen ein frisches tauschen. Bei der letztmaligen Rückgabe gibt es dann wieder Handtuchkarte – und wenn ich die beim endgültigen Verlassen des Schiffes zurückgebe, wäre alles wieder gut. Was passieren würde, wenn ich sie nicht zurückgebe, erfahre ich jedoch nicht.

Gewohnheitsmäßig nehme ich mein Lanyard aus dem Rucksack, um die Bordkarte daran zu befestigen. Geht aber nicht, da dieser das obligatorische

Loch fehlt. Nun ja, das kann ich dann ja später an der Rezeption reinmachen lassen (und wie ich später erfahre, kann ich das nicht, da in der Karte ein Chip enthalten ist und man den ungern lochen würde). OK, dann halt ohne Lanyard. Ist aber auch nicht so schlimm, dann kommen einem an Land wenigstens nicht dauernd Leute entgegen, die ihre Bordkarte um den Hals tragen, so dass sie vor (bei manchen auch auf) dem Bauch vor sich hin baumeln.

Weiter geht es auf dem Weg in Richtung Schiff. Als nächste Station findet sich die Sicherheitskontrolle, bei der alles wie am Flughafen läuft (inklusiv dem Piepsen wegen des Gürtels und dem vorzeitigen Abbruch des Abtastens nachdem man das bemerkt). Wenn ich also was Illegales vorhätte, wüsste ich jetzt, wie ich das zugehörige Material in den Flieger und dann an Bord bringen müsste. Gut, dass ich so etwas ja üblicherweise nicht mache ... ;-)

Inzwischen bin ich durch einen Tunnel gelaufen, der unter der Straße vom Check-In zum Schiff führt. Jetzt trennt mich nur noch die Bordfotografin vom Betreten des Schiffes. Und im Gegensatz zu den beiden älteren Damen vor mir lasse ich mich natürlich auch ins rechte Licht setzen. Schließlich brauche ich ja das Einschiffungsbild für meine Sammlung. Glücklicherweise drängt sich hier nicht wieder irgendein Statist aufs Bild, der einen dümmlich angrinst (alles schon erlebt), so dass ich mit meinem "Mein Schiff 3"-Rettungsring einen passablen Vordergrund für das fremde Schiff hinter mir abgebe.

"Fremd" ist übrigens das Stichwort. Genauso fühle ich mich, als ich wenige Minuten später das erste Mal über die Gangway auf das Schiff gehe. Irgendwie als ob ich mich verlaufen hätte und hier eigentlich nicht hingehöre. Das fängt damit an, dass es jetzt kurz vor 9.00 Uhr ist und ich eigentlich im Marktrestaurant eine Kleinigkeit frühstücken würde. Nun, das Marktrestaurant gibt es hier nicht und auch die Decks sind anders sortiert als ich das kenne. Aber ich habe Glück – direkt im Treppenhaus steht einer der "Gastgeber" (heißen die jetzt auf AIDA nicht auch so?) und fragt nach meinen Wünschen. Nun denn: "Wo kann man denn jetzt eine Kleinigkeit frühstücken?" Ich erfahre ausführlich, dass ich das heute und jetzt eigentlich in allen Restaurants könnte – er würde mir entweder das Atlantik Klassik auf Deck 3 oder alternativ den Anckelmannsplatz auf Deck 12 empfehlen – in beiden gibt es Buffetfrühstück.

Finde ich eine gute Idee und mache mich daher auf den Weg auf Deck 12 zum Anckelmannsplatz. Und gleich beim Betreten des Restaurants fällt mir etwas sehr positives auf, was ich so bislang noch nicht gesehen habe: Waschbecken. Also natürlich habe ich schon mal Waschbecken gesehen – aber halt noch nicht im Eingangsbereich von Restaurants (außer in Indien, da ist das – da man dort in der Regel mit den Fingern isst – normal). Und da man hier (hoffentlich) mit Besteck isst, kann dies ja nur als Alternative bzw. in Ergänzung zu den üblichen Desinfektionsmittelspendern (die übrigens auch vorhanden sind) dienen.

Ich finde, das hat was. Händewaschen vor dem Essen sollte ja eigentlich der Normalfall sein – und wenn es einem schon so einfach gemacht wird, dass die Waschbecken praktisch neben dem Essen stehen, sollte das eigentlich auch funktionieren. Sollte ...

Ich bin nämlich irgendwie der einzige, der sich hier die Hände wäscht. Hm, haben die anderen ja vielleicht heute morgen schon vor der Abreise gemacht ...?

Wie auch immer – ich suche mir einen freien Platz an einer Reihe von "Single-Plätzen". Das ist eine Theke mit Barhockern mit Blick auf den Hafen –

für ein schnelles Frühstück eigentlich optimal geeignet, zumal es ansonsten relativ voll ist. Aber gut, zu den noch nicht abgereisten Gästen kommen ja noch die dazu, die wie ich schon da sind ... mal sehen wie sich das in den nächsten Tagen darstellt.

Jetzt aber zum Frühstück. Kaffeekannen stehen schon mal nicht auf dem Tisch, Tassen auch nicht. Das muss also anders gehen als bei AIDA. Ich schaue mich um und sehe Leute mit gefüllten Tassen zu ihren Tischen streben – Kaffee scheint es also irgendwo am Buffet zu geben. Ich mache mich also mal auf den Weg und siehe da: da gibt es so einen Multifunktionskaffeevollautomaten, der neben Kaffee auch so was wie Caffe latte und Cappuccino kann. Sehr sauber ...

Ich nehme also einen Cappu und schaue mal, was es so an Brötchen und Belag gibt. Und finde eine weitere Neuheit: die "Backstube". Direkt am Eingang zum Anckelmannsplatz platziert gibt es hier alle möglichen Sorten von Brot und Brötchen, Stückchen (Teilchen) sowie nach Wunsch belegte Paninis und Sandwiches. Ich bin beeindruckt – das hat was!

Ich nehme mir also mal ein Vollkornbrötchen und schaue mal in Richtung Buffet, was man da so drauf legen könnte. Und langer Rede, kurzer Sinn:

ich finde eigentlich fast alles, was man so auf ein Brötchen legen oder schmieren kann. Die Auswahl ist riesig und deckt wohl alle Vorlieben so ab – sogar mein Plan, etwas Lachs (mit Meerrettich) zu mir zu nehmen, ist kein Problem. Denn direkt hinter dem Anckelmannsplatz ist das bekannte Fischrestaurant "Gosch Sylt" zu finden – und damit dann eigentlich auch alles, was man an Fisch so auf ein Brötchen legen mag (und noch vieles mehr).

Dass es darüber hinaus auch Pfannkuchen, Waffeln, Pancakes, Spiegelei, Rührei und eine "Omelette-nach-Wunsch-zubereitet-Station" gibt, dient nur der Ergänzung – das passt heute nicht mehr in den Harald. Lediglich etwas Männerobst geht jetzt noch ...

Ich gebe zu, bis jetzt klappt das mit dem "Wohlfühlschiff". Doch wie geht's jetzt weiter? Meine Kabine wird so gegen 15.00 Uhr bezugsfertig sein – und jetzt ist es erst 10.00 Uhr. Wo finde ich denn das Tagesprogramm? Also mal in Richtung Rezeption gehen. Doch wo ist die denn jetzt wieder? Also mal zu den Aufzügen gehen, da wird schon ein Wegweiser sein. Und genau so ist es – und neben dem Plan an der Wand gibt es auch hier wieder eine menschliche Hilfe: "Kann ich Ihnen behilflich sein?"

"Ja, ich suche die Rezeption ... bzw. ein Tagesprogramm." Ich erfahre, dass beides kein Problem wäre. Er schiebt mich zu einem der senkrecht montierten LCD-Bildschirme, die eigentlich Touchscreens sind (also ein iPhone in groß). Er tippt auf "Bordprogramm" – und schon sehe ich, was es heute zu sehen und machen gibt. Eine Berührung hier, eine da – und schon sind alle Fragen geklärt.

Das geht sogar soweit, dass neben den Öffnungszeiten der Restaurants auch gleich die jeweiligen Speisekarten abrufbar sind. Echt genial ... und langsam gibt es ein Déjà-vu: das habe ich so schon mal gesehen – und zwar auf der Oasis of the Seas. Gerade bei der Mein Schiff 3, dem ersten Neubau von TUI Cruises, macht sich die 50%-Beteiligung von Royal Caribbean durchaus bemerkbar. An vielen Stellen fühlt man sich hier eher auf der Oasis of the Seas als auf einem der AIDA-Schiffe (die ja eigentlich die direkten Mitbewerber sind), sowohl was die Einrichtung als auch was das Servicekonzept betrifft. Und das ist durchaus nicht schlimm – eher im Gegenteil.

Doch zurück zum Tagesprogramm. Ich stelle fest, dass um 11.00 Uhr eine Schiffsführung (Dauer 90 Minuten) geplant ist. Und genau wie ich "Ersttätern" auf AIDA immer empfehle, als erstes mal eine Schiffsführung mitzumachen, mache ich das auch hier. Einen besseren Überblick kann man ja gar nicht bekommen.

Da aber bis dahin noch etwas Zeit ist, laufe ich mal auf Deck 4 zum "Meerleben". Zum einen ist das der Treffpunkt für den Rundgang, zum anderen ist das das erste (und einzige) Museum auf den Weltmeeren. Und das hat es in der Tat in sich – da kann man mehr Zeit verbringen als nur eine halbe Stunde. Neben der Ausstellung einiger Exponate des Maritimen Museums in Hamburg wird hier viel Wert auf Interaktivität gelegt. Sessel mit eingebauten iPads sind ebenso zu finden wie ein großer Touchtable und eine riesige Weltkarte, auf der mittels einer drehbaren Weltkugel viele Informationen zum Thema "Lebensraum Meer" abgerufen werden können.

Der eine oder andere Gast stößt zwischenzeitlich noch zu mir, so dass wir gegen 11.00 Uhr eine etwa zwanzig Personen starke Gruppe sind, die von einer der Gastgeberinnen begrüßt wird. Wir erfahren noch ein bisschen was über das Meerleben – und dann beginnt unsere Tour auch schon. Zunächst arbeiten wir Deck 4 ab – zumal wir ja sowieso schon da sind. Hier findet sich direkt neben dem Meerleben das "Atelier", in dem jeder an

Malworkshops teilnehmen kann. Und wie ich gelernt habe, kann jeder malen – der eine besser, der andere schlechter. Und da ich eindeutig in die zweite Kategorie gehöre, streiche ich das Atelier von der Liste der Orte, die ich mir noch mal näher anschauen muss. Und auch die nächsten beiden Orte sind nicht unbedingt für mich gedacht – der "Spielplatz" bietet alle möglichen Spielkonsolen und damit Gelegenheit zum Zocken (ist auch nicht unbedingt meine Welt) und das "Sturmfrei" ist der Rückzugsort für Teens von 12-17 (und da passe ich altersmäßig nicht mehr ganz rein). Übrigens – und das interessiert ggf. die Eltern – ist das Sturmfrei bis 1.00 Uhr nachts geöffnet.

Auf unserem Weg zur TUI Bar, die es in dieser Form auf allen drei Schiffen der Flotte gibt, passieren wir noch den "Neuen Wall" – und analog zum Namenspendant in Hamburg ist das die Shoppingmeile an Bord. Neben Mode, Logoartikeln sind hier vor allem Parfum, Schmuck und Uhren zu finden.

Wir sehen hier noch die Ausflugsschalter (an denen man seine Ausflüge an den Terminals übrigens auch selbst buchen kann) bevor wir zum "Klanghaus" kommen. Und auch das ist eine Neuigkeit auf einem Kreuzfahrtschiff: eine bordeigene Philharmonie. Und im Gegensatz zu dem Bauwerk in Hamburg ist das hier rechtzeitig fertig geworden. Und es soll beeindruckend sein: die Akustik ist rechnergesteuert, so dass alle möglichen Klangszenarien eingesteuert werden können: vom Vortrag bis zum Kirchenkonzert ist alles in optimaler Akustik möglich. Und da es zum Klanghaus eine separate Einführungsveranstaltung gibt, werde ich dazu in den nächsten Tagen sicher noch berichten.

Ansonsten befindet sich sowohl hier auf Deck 4 als auch auf Deck 5 das Restaurant "Atlantik". Hierbei handelt es sich um das Hauptrestaurant des Schiffs, das als Bedienrestaurant ausgelegt ist und in drei Bereiche unterteilt ist. Zum einen der "Klassik"-Bereich, in dem jeden Abend zwei verschiedene 5-Gänge-Menüs serviert werden (die allerdings beliebig kombiniert werden können), zum anderen der "Eurasia"-Bereich mit einer Mischung aus asiatischer und europäischer Küche und der "mediterrane" Bereich, mit – Überraschung – mediterraner Kost.

Geht man aus dem Atlantik-Restaurant eine Wendeltreppe nach oben, landet man in der "Schaubar". Und die muss ich mir merken – ist die Schaubar doch gleichzeitig meine Musterstation ("E"). Und auch das erinnert mich ein bisschen an Royal

Caribbean – auch da waren die Musterstationen im wesentlichen Aufenthaltsräume im Innern des Schiffs mit direktem Zugang zum Bootsdeck.

Direkt hinter der Schaubar findet sich dann das "Wahrzeichen" der Mein Schiff 3: der Diamant - ein über mehrere Decks gehender Glasdiamant am Heck des Schiffes. Der Bereich wird "Große Freiheit" genannt und beinhaltet die meisten der Bezahlrestaurants: das Spezialitätenrestaurant "Richards" (vergleichbar mit dem Rossini auf AIDA), das Steakhouse "Surf & Turf", die Champagner Bar und die Café Lounge mit Patisserie. Und natürlich einen tollen Blick nach draußen.

Das "Surf & Turf" hat dabei etwas ganz Besonderes: eine Art Schaufenster, in dem sich viele verschiedene Fleischstücke finden – eines schöner als das andere. Ich glaub', eines der Abendessen gibt es dann auch mal hier ... ;-)

Und ein weiteres hier ... wir sind jetzt nämlich in Richtung Bug gegangen und stehen nun vor dem "Hanami". Das ist das japanische Spezialitätenrestaurant auf dem Schiff (auch gegen Zuzahlung). Im Übrigen handelt es sich hierbei nicht nur um eine Sushi-Bar – es gibt vielmehr auch andere japanische Spezialitäten (z.B. Shabu, ein japanisches

Fondue). Mal schauen, ob die Abende ausreichen, um das alles zu testen ... ;-)

Ach ja, und wem das alles nicht langt, um satt zu werden, der hat noch eine weitere Möglichkeit: das "Tag & Nacht Bistro". Und der Name sagt es ja auch schon: hier gibt es rund um die Uhr (und damit ist nicht gemeint, dass das irgendwann gegen Mitternacht schließt) Snacks und andere Kleinigkeiten wie z.B. Currywurst, Pizza, Schnitzel, Pommes, Burger, Muffins, Obst und Salat, ... naja, halt alles, was man nachts um halb vier so braucht, wenn der kleine Hunger kommt ... ;-)

Strategisch günstig gelegen ist das Bistro allemal – liegt es doch in unmittelbarer Nachbarschaft zum Casino, zur Abtanzbar und zum Rauchersalon (das ist übrigens der einzige Bereich im Innenbereich des Schiffs, in dem geraucht werden darf) – also alles Bereiche, in denen es schon mal später werden kann ... Ach ja, das Casino ist übrigens nur so eine abgespeckte Variante – also einige einarmige Banditen und ein vollautomatischer Roulettetisch und so ... mit Casinos auf amerikanischen Schiffen ist das nicht wirklich vergleichbar – aber auf deutschen Schiffen scheint der Bedarf ja auch nicht so groß zu sein.

Den Abschluss auf Deck 5 bilden übrigens die Bordreiseleitung (also da, wo man die nächste Reise buchen kann) und der Fotoshop. Hier stehen viele Terminals und es hängen viele Bildschirme an den Wänden – scheint also irgendwie auch digital zu funktionieren ... muss ich nachher mit dem Begrüßungsfoto mal ausprobieren.

Jetzt geht es in einen der Aufzüge – denn weiter geht es auf Deck 12. Aufgrund der Anordnung der öffentlichen Bereiche (auch das hat man sich von amerikanischen Schiffen abgeschaut) sowohl auf den unteren als auch auf den oberen Decks (die Kabinen liegen dazwischen auf Deck 6 – 10) ist man ständig am Hoch- und Runterlaufen. Und auch wenn das der Figur sicher nicht schadet, ist man hier doch deutlich mehr unterwegs als auf kleineren Schiffen, bei denen alle öffentlichen Bereiche im oberen Bereich liegen. Mal schauen, ob ich das hier auch durchhalte mit der konsequenten Nichtbenutzung der Aufzüge ...

Insgesamt gibt es übrigens zwei Treppenhäuser und somit auch zwei Bereiche mit Aufzügen – im vorderen Bereich versehen vier Aufzüge ihren Dienst, im hinteren sechs. Jeder von ihnen kann übrigens bis zu 22 Personen fassen (steht zumindest auf dem Schild), sind also deutlich größer als die Aufzüge auf den AIDA-Schiffen (obwohl auch hier nur um die 2.500 Passagiere an Bord sind).

Und kaum spreche ich von sportlicher Betätigung, sind wir auf Deck 12 auch schon im Sportbereich gelandet: ein Kursraum und ein großer Geräteraum mit Kraft- und Cardiogeräten warten auf uns. Nehme ich auch mal auf die Liste für morgen – oder übermorgen ...

In diesem Bereich befindet sich übrigens auch die Spa-Rezeption; hier können die Termine für Frisör und Spa-Anwendungen gebucht werden. Und es gibt den Zugang zur Sauna. Die soll hier ja auch besonders groß und vielfältig sein – das schaue ich mir nachher dann mal genauer an – ich habe ja noch genügend Zeit bis meine Kabine bezugsfertig ist. Die Aufgüsse sind hier übrigens um 16 Uhr (an Schiffstagen), um 17 Uhr und um 18 Uhr – so viel weiß ich zumindest schon mal ... ☺

Den Abschluss des Sportbereichs bildet dann die Himmel- und Meer-Lounge, die sich über der Brücke befindet und einen unverstellten Blick nach vorn erlaubt. Tagsüber gibt's hier dann auch das eine oder andere Getränk – ist also so ein bisschen vergleichbar mit der AIDA Lounge hinter der AIDA Bar auf den Schiffen ab Diva aufwärts. Im Übrigen gibt es wohl noch einen Bereich mit genau so guter Aussicht – den verrate ich aber erst später ...

Doch bleiben wir beim Sport: auf Deck 12 befindet sich nämlich zum einen noch der Innenpool (das ist der sog. "Spaßpool") und im Außenbereich – eine weitere Weltneuheit auf einem Kreuzfahrtschiff – der Sportpool mit 25 m Länge. Der Pool ist geschätzt fünf Meter breit – bietet also drei Bahnenschwimmern nebeneinander ausreichend Platz. Zumindest theoretisch; wie das in der Praxis aussieht, berichte ich dann morgen nach dem Anschwimmen ;-)

Zu erwähnen an dieser Stelle ist in jedem Fall aber noch die "Eisbar". Eigentlich könnte die auch "Süße Bar" heißen – gibt es neben rund 20 Sorten Eis als Bällchen doch auch Waffeln und Crêpes. Halt einfach alles, was man so zwischendurch braucht, um die Kalorienzufuhr konstant zu halten ... Oh Mann, ich ahne schlimmes. Zumal das ja alles durch Premium Alles Inklusive abgedeckt ist – da hilft ja dann noch nicht mal das Portmonee als Regulator ...

Aber halt – eine Chance gibt es. Und zwar auf Deck 14, unserem nächsten Ziel. Hier erwartet uns nämlich von 7-9 Uhr (sowohl morgens als auch abends) die Joggingstrecke. Auf 280 m Länge besteht hier zumindest die Chance, der einen oder anderen Kalorie den Kampf anzusagen. Alternativ gäbe es hier auch noch den Indoor-Cycling-Raum ... das soll ja noch anstrengender sein. Da purzeln dann ja vielleicht sogar die Joule ;-) Das ist aber noch nicht alles – die Sportarena ist hier oben auch zu Hause. Dabei handelt es sich um ein Multifunktionsfeld (Fußball, Volleyball, Basketball, ...) mit Tribüne und LED-Wand. Ist also auch für Passiv-Sportler zu gebrauchen – zum Beispiel am kommenden Dienstag beim Halbfinale gegen Brasilien. Gute Stimmung scheint da ja garantiert ...

Damit ist es dann aber auch mal gut mit dem Sportkram. Reden wir lieber wieder über die Bars. Da gibt es nämlich noch zwei hier oben – zum einen die "Überschaubar", die insbesondere auf Raucher eine Anziehungskraft hat (hier darf man nämlich rauchen) und die Außenalster Bar & Grill am Heck des Schiffes – und dort gibt es neben den obligatorischen Getränken auch immer mal wieder was Leckeres vom Grill.

Bleibt noch der Kids Club zu erwähnen (der hier überraschenderweise genau so heißt wie auf AIDA) – in drei Altersgruppen findet hier die Betreuung von 10 – 22.30 Uhr statt (auf Wunsch auch schon früher). Und dann findet sich hier noch das "Nest", die Krabbelstube für die Unter-3-Jährigen und ihre Eltern (wobei die tendenziell ja eher nicht mehr krabbeln).

Und so langsam aber sicher nähern wir uns nun auch dem Ende unseres Rundgangs ... ich stelle fest, dass das Schiff schon ziemlich groß ist und dass ich zugegebenermaßen immer noch nicht so genau weiß, wo hier was ist. Aber die Erfahrung lehrt, dass das in 24 Stunden schon ganz anders aussieht – wenn man erst ein paar Mal von vorn nach hinten und zurück gelaufen ist, weil man irgendwas am Bug vermutet hat, was dann aber doch am Heck lag, dann klappt das schon (zumal einmal hin und zurück ja auch mehr als ein halber Kilometer ist ...)

Aber halt – zwei Sachen bekommen wir noch zu Gesicht: einmal den "Ausguck". Das ist der höchste Punkt des Schiffes, der für Passagiere zugänglich ist (höher ist nur noch der Mast (da darf man nicht rauf) und der Schornstein (und da kann man eigentlich nicht rauf). Müsste also Deck 16 sein ... von hier hat man – insbesondere wenn man das dort montierte Fernglas benutzt – einen Superblick in die Ferne. Genauso wie das lilafarbene Erdmännchen, das auch da oben steht (nein, ich habe nichts getrunken ... da steht wirklich eins).

Und das zweite? Das ist der "Blaue Balkon". Den gibt es zwei Mal – und beide ragen rechts bzw. links über die Bordwand hinaus. Und damit man dann auch gut nach unten sehen kann, ist der Boden eine Glasscheibe. 37 m geht es in die Tiefe – der Blick auf die Meeresoberfläche und die vorbeiziehenden Wellen ist dafür genial. OK, schwindelfrei sollte man schon sein ... und Höhenangst macht sich da auch nicht so gut. Aber alle anderen sollten durchaus mal einen Blick riskieren.

Wir verabschieden uns von unserer Gastgeberin – und haben immer noch 2 ½ Stunden Zeit, bis die Kabinen bereit stehen. Was also tun, sprach Harald ...

Mach ich halt das, was ich auf AIDA jetzt auch machen würde ... in die Sauna gehen und ein bisschen in die Sonne legen. Gesagt, nicht getan. Denn: die Schlösser an den Garderobenschränken fehlen noch (das ist übrigens das einzige, was offensichtlich noch nicht fertig ist an diesem Neubau). Und da ich meine ganze Technik im Rucksack habe, ist es auch eher nicht so sinnvoll, den einfach so in die Ecke zu stellen. Und der Tipp der Spa-Rezeptionistin, einfach im Bademantel vorbeizukommen wäre sogar richtig gut – wenn denn der

Bademantel nicht in der Kabine wäre, in die ich jetzt ja noch nicht reinkomme ...

OK, dann halt Plan B. Wobei ich eigentlich keinen habe. Also mache ich einen: ich gehe in die TUI Bar, lese den Rest meiner Zeitung (das ging platzbedingt im Flieger nicht), schreibe ein bisschen über meine Erlebnisse – und probiere "Premium Alles Inklusive".

Das bedeutet ja, dass die "meisten" Speisen und Getränke in den "meisten" Restaurants und Bars im Reisepreis enthalten sind. Eigentlich eine nette Idee, dass die Bordkarte beim Bestellen in der Tasche bleibt – aber was heißt denn nun die "meisten"? Ist denn jetzt der Tomatensaft (den man ja nur im Flieger trinken mag) kostenlos und alle anderen Säfte kosten etwas? Oder ist das ernstgemeint?

Ich kann Euch beruhigen: das ist ernstgemeint. In der Tat sind fast alle Getränke (von sehr aufwändigen Cocktails oder Champagner mal abgesehen) kostenlos an den Bars erhältlich. Und so bestellte ich erst einmal einen Dolce Vita (das ist ein alkoholfreier Cocktail, der ähnlich dem Summer auf AIDA schmeckt) und dann ein alkoholfreies Hefeweizen (Franziskaner) gegen den Durst. Und beides gehört zu den "meisten" Getränken. Im Übrigen sind die Kellner hier trotzdem sehr zuvorkommend und immer präsent – was man ja nicht unbedingt erwarten würde, wenn mit dem Ausliefern von Getränken ja nur Kosten verbunden und keine Gewinne zu erwarten sind. Ich bin mal wieder positiv überrascht.

Die rund zwei Stunden bis zur Kabinenfreigabe um 14.45 Uhr nutze ich also für diesen Bericht und die Bearbeitung meiner Fotos. Und da kann ich auch gleich was Neues testen: "Eyefi". Noch nie gehört? Also, das ist eine SD-Karte, die ein eingebautes WLAN-Modul hat. Und damit kann sie Verbindung zu Smartphones, Tablets oder auch PCs und Macs aufbauen und die aufgenommenen Bilder einfach drahtlos übertragen. Und das geht echt problemlos. Ich starte das Programm auf meinem Mac und schalte meine Kamera ein. Binnen weniger Sekunden hat der Mac das WLAN der Kamera gefunden und sich eingeklinkt – automatisch startet der Download und eine knappe Minute später sind alle Fotos, die ich heute gemacht habe, auf meinem MacBook. Einfacher geht es nicht.

Alternativ könnte man auch die App auf dem iPhone im Hintergrund laufen lassen – dann werden die Bilder, die ich mit der Digicam mache, in Echtzeit aufs iPhone übertragen und können dort gleich weiterverwendet werden. Echt genial das Teil!

Aber zurück aufs Schiff ... es ist soweit: ich kann meine Kabine kennenlernen. Und da man sich ja sonst nix gönnt, habe ich mir eine der zehn Verandakabinen auf dem Schiff ausgesucht. Die liegen am Heck an den Ecken auf Deck 6-10, haben eine riesige Veranda (rund 30 qm) und sind – zumindest auf den Bildern, die ich bisher so gesehen habe, von den anderen Decks nicht einsehbar. Von daher könnte das (zumindest wenn wir auf See sind) die Alternative zum FKK-Deck sein. Schau'n mer mal.

Jetzt muss ich die Kabine nur noch finden. Es ist die 10131 – damit ist schon mal klar, dass sie auf Deck 10 liegt. Und auf Backbord. Backbord? AIDA-Profis werden überrascht sein ... dort läge sie (aufgrund der 1 in der Mitte) auf Steuerbord. Hier ist das aber anders – hier sind ungerade Kabinennummern auf Backbord und gerade Kabinennummern auf Steuerbord. Ob es sich um eine Außen-/Balkon- oder Innenkabine handelt, ist dafür der Kabinennummer nicht anzusehen.

A propos "anzusehen". Es ist auch der Bordkarte nicht anzusehen, zu welcher Kabine sie passt. Auf der Karte steht nämlich nur der Name und eine ID-Nummer – damit könnte man die Karte an der

Rezeption wieder eindeutig zuweisen. Ein evtl. (unehrlicher) Finder könnte sie jedoch nicht missbrauchen – zumindest nicht für einen Kabinenbesuch. Eigentlich also eine gute Idee ... aber: wenn ich da so manche Zeitgenossen sehe, die selbst am letzten Tag ihrer Kreuzfahrt noch auf die Karte gucken müssen, um ihre Kabine zu finden – die werden hier Spaß haben ... ;-)

Ich gehe jetzt also erst mal auf Deck 10, orientiere mich auf die Backbordseite (da sind die in den Treppenhäusern aufgehängten Schilder sehr hilfreich, die anzeigen, wo der Bug und wo das Heck ist) und laufe los. Eigentlich müsste die Kabine ja am Ende des Ganges liegen – zumindest liegt der Verdacht bei einer der Verandakabinen nahe.

Und so ist es auch – die Kabinennummern steigen immer um zwei an und am Ende finde ich die 10129. Hm, die nächste Kabine wäre es ... und dann sehe ich eine weitere Tür, beschriftet mit 10131 und 10133. Ich bin verwirrt – habe ich versehentlich einen Gemeinschaftsschlafsaal gebucht? Ich halte meine Karte (die mit dem nicht zum Lochen geeigneten RFID-Chip) vor den Leser und das Türschloss wird freigegeben. Langsam drücke ich die Klinke herunter – und stehe in einem Vorraum. Und zwar dem Vorraum für die beiden angegeben Kabinen (das erklärt dann auch die beiden Klingeln neben der Tür). Und hier finde ich dann auch eine einzelne Tür mit meiner Kabinennummer. Ich halte die Karte erneut davor und erneut klickt es. Jetzt ist es soweit: meine Wohnung auf Zeit liegt vor mir.

Und ich bin – wieder einmal – überrascht. Die Kabine macht einen großen Eindruck und ist sehr wohnlich eingerichtet. Wer die teilweise schreienden Farben bei AIDA kennt, wird sich über die warmen Brauntöne wundern. Die Wand sieht nicht nach Schiff aus (sondern eher wie eine Tapete), der Teppich ist hochflorig, der 37"-Bildschirm hängt flach an der Wand, das Bett sieht weich aus und der Balkon ist richtig groß (sogar schon der Teil, den man durchs Fenster sieht). Überall finden sich Ablagen und Schubladen, eine Nespressomaschine versprüht italienisches Flair und das Sofa lädt zum Verweilen ein ohne dass man dazu immer auf dem Bett liegen muss (neben dem im Übrigen ein Nachttisch mit Steckdose steht – und nicht nur eine Mini-Ablage an die Wand geschraubt wurde). Und obwohl ich im Vorfeld ja einige Bilder und Videos vom Schiff gesehen habe, bin ich echt positiv überrascht: das "Homing" genannte Konzept kommt vollends an – zumindest bei mir.

Meine Tasche steht übrigens schon vor der Tür – ich kann also gleich schauen, ob und wie ich das alles in die Schränke und Schubladen bekomme. Aber auch hier kann ich nur staunen: selbst bei großzügigster Verteilung bekomme ich noch nicht einmal die Hälfte der Schränke voll. Und auch die Schubladen, die ich ja gern zum Organisieren verwende (hier kommen die Sachen rein, die einen Stecker haben, hier die Sachen ohne Stecker, ...), bleiben zur Hälfte leer. Von daher sollte man auch zu zweit problemlos mit dem Platz auskommen (wobei ich zugegebenermaßen nicht sicher bin, ob das auch bei Nutzung durch das weibliche Geschlecht gilt – da wird ja tendenziell immer wieder mal von einem größeren Platzbedarf gesprochen. Kann aber auch alles nur Gerede sein ...).

Jetzt werfe ich noch mal einen Blick auf meine Veranda. Durch die Scheibe konnte ich ja eben schon erkennen, dass die echt groß sein muss. Und nach dem Öffnen bestätigt sich das: zwei Stühle, ein kleiner Tisch sowie eine Liege stehen unter der Überdachung bereit (und sind dort – wie ich in Dubrovnik feststellen werde – sogar bei Regen geschützt). Der vordere Bereich des Balkons ist dabei nicht überdacht, so dass hier zumindest halbtags mit Sonneneinstrahlung zu rechnen ist (abhängig natürlich von Fahrtrichtung und Sonnenstand).

Einsehen kann man den Balkon übrigens tatsächlich nicht, zumal auch die Trennwand zum Nebenbalkon blickdicht ist. Nur wenn man sich direkt an der Trennwand an der Reling ganz nach vorn beugt, kann man um die Trennwand herumschauen – dann muss man aber auch damit leben, was man dann zu sehen bekommt ... ;-)

Und da eine Verandakabine aber nicht nur den Balkon vor der Kabine sondern auch noch den kompletten Bereich neben der Kabine umfasst, kommen da noch mal geschätzte 20 qm dazu. Und auch die sind (mit der gleichen Ausnahme wie oben beschrieben) weder von anderen Balkonen noch von oben einsehbar – es sei denn, man steht ganz dicht an der Reling. Dann könnte man vom Blauen Balkon (das ist der mit dem Glasboden) gesehen werden. Ach ja, was macht man nun mit dieser riesigen Fläche? Nun, je nach Sonnenstand kann man die Liege natürlich so drapieren, dass sie wahlweise in der Sonne oder im Schatten steht. Oder man legt sich einfach in die hier fest montierte Hängematte und schaukelt vor sich hin. Oder man macht ein kleines Fußballmatch oder so was ... ;-)

Nach getaner Arbeit (die leere Reisetasche liegt jetzt unter dem Bett) lege ich mich zunächst mal vor den Fernseher und schaue, was der so hergibt.

Zunächst mal gar nichts – er will erst einmal eingeschaltet werden. Und zwar an dem mit "Hauptschalter" beschrifteten Schalter neben der Eingangstür (das geht hier nicht mit der Bordkarte und einem Schlitz sondern ist dem Kabinenbewohner überlassen).

In jedem Fall dürften damit die vier (!) Steckdosen am Schreibtisch und die Steckdose am Bett (da hat mal einer an die Smartphone-Besitzer gedacht!) damit abgeschaltet werden, so dass man nicht immer alle Ladegeräte ausstecken muss, wenn man die Kabine verlässt.

Zunächst sehe ich den Infofilm auf Kanal 1 und stelle fest, dass Kanal 2 der "Durchsagenkanal" für die Borddurchsagen ist. Danach kommen gefühlte 20 TV-Sender (inklusiv vieler Nischensender wie ZDFneo, arte usw.) zum Vorschein – teilweise sogar in HD. Abgerundet wird das Angebot durch eine "Videothek" mit aktuellen Filmhighlights (im Übrigen ebenfalls kostenlos) und die Bordinformationen. Die sind genau so aufgebaut wie die Touchscreens in den Treppenhäusern, so dass man ganz gemütlich das Bordprogramm oder die Speisekarten des Tages am Bildschirm durchblättern kann. Gefällt mir.

Und so weiß ich jetzt unter anderem, dass der nächste Programmpunkt die Seenotrettungsübung um 21.15 Uhr ist und dass ich idealerweise vorher noch etwas essen sollte. Aber bis dahin greife ich mal den Vorschlag der Spa-Rezeptionisten auf, packe mich in einen der beiden Bademäntel und mache mich auf den Weg in die Sauna.

Natürlich liegt die am Bug des Schiffes, so dass erstmal 300 m zu überwinden sind, bis ich den Spa-Bereich erreiche. Und natürlich habe ich einen Bademantel in Größe "M" geschnappt. Und während der in der Kabine noch gepasst hat (oder sagen wir mal, er ging zu), stelle ich beim Laufen fest, dass ich vielleicht doch etwas langsamer gehen sollte – irgendwie kommt da ziemlich Bewegung rein.

Ich muss nachher mal schauen, ob der andere vielleicht eine Nummer größer ist – das würde manches Problem lösen bzw. gar nicht erst entstehen lassen ...

Ist aber jetzt egal – ich bin ja da. Ich betrete den Saunabereich durch den mit einem Männchen gekennzeichneten Eingang und stehe nun vor der Entscheidung "Umkleide" oder "WC/Duschen". Nun, umzukleiden gibt's nichts mehr (und einschließen könnte man es ja eh nicht), also entscheide ich mich fürs Duschen. Zwei schöne Warmwasserduschen mit einem gescheiten Duschkopf erwarten mich – sehr schön gemacht.

Danach geht es dann in Richtung "Saunabereich". Der ist zwar ziemlich verwinkelt, hat aber alles, was ich so erwarten würde. Natürlich eine finnische Sauna, eine Biosauna, ein Dampfbad, ein Razul, ein Salzbad und sogar sechs Infrarotsaunaplätze. Dazu gibt es zwei große Duschbereiche (einer nur kalt, einer kalt/warm), einen Ruheraum, Fußbäder, Wärmeliegen und einen großen Außenbereich. Und natürlich alles im Preis enthalten (bei der AIDAprima wird ja gemunkelt, dass die Saunen kostenpflichtig werden könnten).

Einen Wermutstropfen gibt es allerdings – und zwar gerade für Familien. Die Sauna darf von Kindern und Jugendlichen nur in Begleitung der Eltern genutzt werden – und auch das erst ab 12 Jahren (ab 16 geht das dann auch mit schriftlicher Einverständniserklärung ohne Begleitung). Auch wenn man berücksichtigt, dass ein Saunabereich tendenziell ein Ruhebereich ist und ich durchaus nachvollziehen kann, dass man Kinder nicht allein in die Sauna lassen möchte, wüsste ich jetzt nicht, was dagegen spricht, wenn eine Familie mit ihren Kindern gemeinsam in die Sauna gehen möchte – aber vielleicht wird das in der Praxis ja auch nicht so eng gesehen.

Ich trinke noch einen Becher Wasser (hier steht ein Wasserspender bereit) und lege mich dann erst mal in die finnische Sauna. Die Fliesen in der Sauna sind problemlos ohne Schuhe zu betreten (wer wie ich vor fünf Jahren die Vorpremierenfahrt mitgemacht hat, weiß, warum ich das erwähne) und der Blick nach draußen ist wie immer eines der Highlights der Saunen auf dem Meer.

Danach geht es kurz unter die Dusche und dann ab nach draußen. Im Gegensatz zu AIDA, wo es ja maximal den kleinen Saunabalkon gibt, hat man hier einen großen Außenbereich vorgesehen (mit schätzungsweise 25-30 Liegen), der sichtgeschützt direkt am Bug des Schiffes liegt (und zwar direkt auf der Brücke. Der Blick nach vorn ist unverstellt und dürfte mit der schönste Ausblick auf dem ganzen Schiff sein (das ist übrigens der Hinweis, den ich vorhin bei der Führung in der Himmel-und Meer-Lounge avisiert habe).

Aber auch hier gibt es einen kleinen Wermutstropfen: obwohl der Außenbereich nicht einsehbar und Bestandteil des Saunabereichs ist, handelt es sich nicht um einen FKK-Bereich. Die Kleiderordnung sieht hier einen Bademantel oder zumindest ein

Handtuch vor. Für was das auch immer gut sein soll ... so richtig logisch ist das nicht. Und so sieht man da draußen dann auch den einen oder anderen Nackedei - vielleicht unterscheiden sich Theorie und Praxis ja auch hier ...? Mal sehen ...

Ich lege mich zumindest noch mal ein Stündchen in die Sonne bevor ich mich dann – nach einem kurzen Abstecher im Dampfbad – auf den Weg zurück in meine Kabine mache. So langsam ist nämlich Abendessen angesagt – zumal ja in einer guten Stunde die Seenotrettungsübung ansteht.

Ich hole noch meine lange Hose aus dem Koffer (so steht es in der Kleidungsempfehlung von TUI Cruises) und mache mich dann (natürlich ergänzt um ein Poloshirt) auf den Weg zum Essen. Unterwegs treffe ich im Kabinengang auf ein bekanntes Gesicht (wobei das allerdings nicht auf Gegenseitigkeit beruht): Reiner Calmund ist auch auf dem Weg zum Dinner - zusammen mit einem kleinen Mädchen, mit dem er Fangen spielt. Stimmt, ich erinnere mich: er sollte auf dieser Reise ja als WM-Experte dabei sein - das passt ja dann gut zum morgigen Halbfinale.

Der Einfachheit halber entscheide ich mich heute mal für den Anckelmannsplatz. Der ist vor fünf Jahren bei der Vorpremierenfahrt ja mit dem Prädikat "Geht ja gar nicht" durchgefallen – mal schauen, ob man dazu gelernt hat. Und ich fasse mich kurz: man hat.

Das Buffet ist übersichtlich und großzügig aufgebaut, vieles gibt es auf Inseln in der Mitte – Wartezeiten entstehen praktisch keine und man kommt an alles gut dran. Die Auswahl ist zugegebenermaßen deutlich geringer als sie bei AIDA ist, dabei darf man aber nicht vergessen, dass das Restaurantkonzept auf den Schiffen der Mein Schiff Flotte ja das A-la-carte-Restaurant Atlantik als Hauptrestaurant ansieht und der Anckelmannsplatz eigentlich nur "Plan B" darstellt. Dafür lässt die Qualität hier definitiv nicht zu wünschen übrig – alle Speisen sind warm (also natürlich nur die, die auch warm sein sollten) und geschmacklich sehr gut.

Ich teste verschiedene Vorspeisen, eine Suppe, ein bisschen Fleisch mit Beilagen und – mein Favorit – den Wok. Das Konzept ist hierbei so ähnlich wie in den Restaurants der "Mongo's"-Kette ... man sucht sich die frischen Zutaten (Salat, Gemüse, Fleisch, Fisch, Garnelen, ...) und eine Sauce (von mild bis scharf, von süß-sauer bis fruchtig) aus, packt alles auf einen Teller und gibt diesen zur Zubereitung ab. Man bekommt dann so ein "Vibrier-Pieps-Ding" (wie z.B. auch bei Vapiano) und kann sich dann um andere Dinge kümmern bis es vibriert und piepst.

Das fertig zubereitete Essen steht dann zur Abholung bereit und kann nun noch mit gebratenen Nudeln, Reis oder ähnlichem ergänzt werden – und schon steht einem schmackhaften Mahl nichts mehr im Wege. Und das war damals schon gut und ist es heute immer noch ...

Und wem das nicht langt, der kann immer noch zum Gosch Sylt, direkt hinter dem Anckelmannsplatz gelegen, gehen. Dort gibt es dann noch die eine oder andere Fischspezialität, wobei das meiste inkludiert ist und nur einzelne Spezialitätenteller (z.B. die mit Austern oder Kaviar) einen Aufpreis kosten.

Den Abschluss bildet übrigens ein kleines Eis ... denn genau wie draußen an der Eisbar gibt es auch hier einen Eismann. Und auch der hat rund 20 Sorten Eis zur Verfügung ... und das ist dann doch was anderes als die per Zufall eingesteuerten drei Sorten Eis in den AIDA-Restaurants ... besonders lecker finde ich übrigens Joghurt Limette und Himbeer Cheesecake ... ☺

Einziger mir aufgefallener Nachteil sind übrigens die Gläser an den Getränkespendern. Die gibt es hier nämlich für die unterschiedlichsten Kaffeesorten, für die Softdrinks, für Bier – und für den Weiß- und Rotwein. So weit so gut. Aber: die bereitgestellten Gläserregale werden ständig mit neuen Gläsern aufgefüllt, die gerade aus der Spülmaschine kommen – und damit zumindest warm, wenn nicht meistens sogar heiß sind. Und zumindest bei den Softdrinks, beim Bier und beim Wein geht das mal gar nicht. Da ist also noch Optimierungspotenzial vorhanden (z.B. durch einer Zwischenlagerung zum Abkühlen in der Spülküche?) Und mal so nebenbei: auf der Mein Schiff 3 gibt es "richtiges" (Coca) Cola und nicht die von AIDA präferierte Variante (Pepsi) – und das gilt dann natürlich auch für Sprite und Fanta statt Seven Up und Mirinda.

Da in einer halben Stunde die Seenotrettungsübung beginnt, gehe ich schon mal langsam vor in die Schaubar auf Deck 5 – denn da ist ja meine Musterstation "E". Unterwegs mache ich noch einen Zwischenstopp an einer Toilette und stelle fest, dass man hier dem Hygienethema wieder ein Stück näher kommt. Wenn man nicht will, muss man hier nämlich nichts berühren. Die Türen öffnen sich mittels Taster (den man durchaus – wie im Krankenhaus – auch mit dem Ellbogen drücken kann), die Spülung der Urinale funktioniert automatisch, die Wasserhähne und Seifenspender werden per Lichtschranke gesteuert und der Handtuchspender per Sensor. Und wer dem allem noch nicht vertraut, kann vor dem Verlassen (ebenfalls per Taster neben der Tür) auch noch den Desinfektionsspender bemühen.

Theoretisch kann da also nichts mehr schiefgehen. Praktisch kann man aber immer wieder Leute beobachten, die das alles ignorieren – das einzige, was die dann anfassen, sind eigene Körperteile und direkt anschließend die Klinke der Tür. Das sind dann übrigens die gleichen, die die Desinfektionsspender am Restauranteingang nicht nutzen ("Ich vertrag' das Zeug nicht") und parallel dazu die Waschbecken im Restaurant ebenfalls ignorieren.

Inzwischen bin ich in der Schaubar angekommen. Ich bestelle einen Ramazotti (ist übrigens eines der "meisten Getränke"), suche mir einen bequemen Platz und warte auf die Dinge, die da kommen. Und sie kommen – etwa gegen 21.00 Uhr wird die Schaubar von Leuten mit orangefarbenen Warnwesten betreten und geräumt. Alle müssen raus. Die Tische werden abgeräumt (gut, dass der Rama schon leer ist) und dann geht es los. Alle diejenigen, die auch zur Musterstation "E" wollen, können wieder rein – allerdings nicht, ohne dass vorher die

Bordkarte elektronisch gescannt wird. Das sieht schon professioneller aus als die Listenabhakerei und das "Hier"-Geschrei bei AIDA.

Und wer sich jetzt fragt, wo meine Rettungsweste ist, dem sei gesagt, dass ich keine habe. Im Gegensatz zu AIDA gibt es die hier nicht auf den Kabinen sondern ausschließlich an den Musterstationen (die hier übrigens "Assembly Stations" heißen – vermutlich weil hier die Passagiere und ihre Rettungswesten zusammengesetzt werden). Nachteil des Prozedere: die meisten Passagiere haben vor einem evtl. Notfall noch nie eine Rettungsweste gesehen geschweige denn eine angelegt.

Das Ganze hat aber auch einen Vorteil: wir sitzen bei der Übung bequem hier drin und müssen nicht mit Rettungswesten draußen in Reih und Glied stehen. Und so ganz undurchdacht ist das schon nicht – denn von den fünf Musterstationen gehen jeweils rechts und links Türen direkt auf das Bootsdeck, so dass z.B. bei starker Neigung des Schiffs nicht die Hälfte der Passagiere schon mal von vornherein auf der falschen Seite steht. Und mal so nebenbei: auf der Oasis ist das genau so gewesen – da war meine Musterstation die "Champagner Bar".

Vorteilhaft dürfte auch sein, dass jeder – egal wo er sich gerade befindet – immer direkt zu seiner Musterstation geht. Ein zeitraubender Abstecher zur Kabine entfällt dabei. Und noch etwas ist durchdacht: Kinder, die zum Zeitpunkt des Alarms allein auf dem Schiff unterwegs sind, werden von den Suchtrupps direkt zur jeweils richtigen Musterstation gebracht und dort mit ihren Eltern zusammengeführt. Hierzu erhalten alle Kinder zwischen 3 und 12 Jahren beim Check-In ein farbiges Armband, das sie während der gesamten Reise tragen müssen und das die jeweilige Musterstation anzeigt.

Von der mangelnden Übung mit der Rettungsweste mal abgesehen, kann mich das System hier also durchaus überzeugen ... zumal ja ein Generalalarm auch nicht unbedingt bedeutet, dass das Schiff evakuiert werden muss. Vielfach wird man bei unklarer Lage auch erst einmal die Passagiere geordnet sammeln ohne dass es gleich in die Rettungsbote geht – und da sitzt es sich in einer Bar doch deutlich besser als es sich auf Deck (womöglich noch bei Kälte und Regen) steht.

Nach der Übung trinke ich noch ein Tonic Water ("meistes Getränk") bevor ich mich dann auf den Weg in die Kabine mache. Irgendwie merke ich langsam den langen und anstrengenden Tag. Ich entscheide mich daher auch spontan, das mit dem Treppenlaufen erst ab morgen umzusetzen. Ich hole einen der Aufzüge, höre das typische Ding und sehe, wie der ankommende Aufzug in ein blaues Licht getaucht wird. Wow, da hat schon wieder einer mitgedacht ...

Als ich dann meine Kabinentür öffne, kommt die nächste Überraschung: auf der Mein Schiff 3 gibt es nicht nur den morgendlichen Kabinenservice, es gibt auch einen Abdeckservice am Abend. So sind die Vorhänge zugezogen und die Bettdecke ist zurückgeschlagen. Auf meinem Kopfkissen liegt ein Betthupferl, das von den Leselampen dezent angestrahlt wird. Ob so etwas nötig ist oder nicht, sei einmal dahingestellt – schön ist es allemal, so empfangen zu werden.

Ich nehme nun noch meine Wasserkaraffe und mache mich noch einmal auf den Weg ins Treppenhaus, in denen sich die Wasserspender befinden. Und wer meine Berichte regelmäßig liest, weiß ja auch, dass ich die Dinger verteufele ohne Ende ... eine größere Gelegenheit für Bakterien und Viren zum Passagierwechsel gibt es ja kaum: der erste hält seine angenuckelte Trinkflasche an den Hahn, der nächste holt sich auf dem gleichen Weg die Krankheiten des ersten.

Allerdings ist das hier intelligenter gelöst: es gibt keinen Hahn. Sondern nur ein Loch, aus dem dann Wasser läuft, wenn man den Knopf darüber drückt. Da kann man eigentlich nichts berühren (außer man fummelt mit seinen Fingern im Loch herum) – und damit mache auch ich mit bei der Wasserholerei am Spender ...

Jetzt aber endgültig ins Bett. Ich gehe vorher noch kurz ins Bad – und stelle eine weitere Innovation fest: obwohl das Licht aus ist, ist es im Bad nicht ganz dunkel. In der Deckenlampe ist eine zweite LED eingebaut, die eine Art Nachtlicht produziert. Ideal, wenn einer mal nachts auf die Toilette muss. Das geht dann nämlich ohne Festbeleuchtung (zumindest bei den meisten Menschen) – der (Bett)partner wird's danken. Nachteil für den einen oder anderen könnte allerdings sein, dass es in der Kabine nie ganz dunkel wird, da das Licht oben und unten an der Badtür durchscheint ...

Ich mache noch die Balkontür auf – warm genug ist es ja -, bevor ich mich ins Bett lege. Eigentlich will ich ja noch ein bisschen was lesen, aber irgendwie schaffe ich das heute ni ...

Zzz ...

Montag, den 7. Juli 2014

Schiffstag – auf dem Weg nach Kroatien

Wie immer schlafe ich bei offener Balkontür – und so wache ich mehr oder weniger parallel zum Sonnenaufgang auf. Wobei – sagte ich nicht, dass ich bei offener Balkontür schlafe? Ich bin verwirrt – die ist nämlich zu. Zwar nicht verriegelt, aber halt nun mal doch zu. Ich beginne also mit der Ursachenforschung und stelle zweierlei fest: zum einen ist die Schiebetür sehr leichtgängig (so dass sie sich schon bei leichten Bewegungen des Schiffes bewegt), zum anderen verriegelt der Hebel – anders als ich das bei AIDA gewohnt bin – tatsächlich nur die geschlossene Tür und arretiert sie nicht in jeder beliebigen Position. Das erklärt es dann natürlich ...

Das muss ich dann noch mal eine Nacht beobachten – wenn die Tür dann natürlich jede Nacht hin- und hergleitet (ich stelle mir das bei Seegang recht bewegt vor), muss ich mir da was einfallen lassen ... vielleicht sollte ich mal den genauen Abstand zwischen geöffneter Tür und Rahmen messen und dann das nächste Mal ein Stück Dachlatte in passender Länge mitbringen, damit ich die Tür entsprechend blockieren kann. Wobei – sind Dachlatten eigentlich erlaubt an Bord? Naja, mal abwarten, wie sich das entwickelt.

Ich stehe jedenfalls jetzt auf, um gleich mal eine der Neuerungen auf dem Schiff, den 25-m-Sportpool, zu testen. Also rein in die Badehose, die Handtuchkarte und den Bademantel geschnappt (inzwischen weiß ich übrigens, dass der zweite Badmantel Größe "XL" hat – und dass der daher eher zu mir passt) und ab auf Deck 12.

Neben dem Innenpool finde ich auch schon den Handtuchstand (der ist übrigens jeden Tag von 7.00 Uhr bis 19.00 Uhr besetzt – und nicht nur stundenweise wie bei AIDA), an dem ich meine Handtuchkarte gegen ein blaues Poolhandtuch tausche. Im Prinzip läuft das also so wie bei AIDA, nur dass hier nicht von vornherein mal 15 € Pfand einbehalten werden, die bei Rückgabe des Handtuchs wieder gutgeschrieben werden – hier wird dann wohl nur bei "Verlust" des Handtuchs das Konto belastet (mit welchem Betrag auch immer – muss ich noch mal rausfinden).

Am Sportpool herrscht durchaus schon reges Treiben – etwa zehn Leute sind im Wasser unterwegs. Ich dusche mich schnell ab und schließe mich den Schwimmern an, um mein Ziel, jeden Tag vor dem

Frühstück 1 km zu schwimmen, zu erreichen. Doch das ist gar nicht so einfach ...

Der Pool ist ja etwa 5 m breit – bietet also drei Schwimmern gleichzeitig bequem Platz nebeneinander. Zumindest theoretisch. Es gibt da nämlich durchaus den einen oder anderen, der unter sportlicher Betätigung auch versteht, dass man mehr oder weniger bewegungslos im Wasser steht. Und zwar im Weg. Andere lassen sich partout nicht davon abbringen, immer auf derselben Bahn hin und her zu schwimmen anstelle das Prinzip des "Rechtsverkehrs" (also auf der einen Bahn hintereinander hin und auf der anderen Bahn hintereinander zurück) anzuwenden – das führt dann halt regelmäßig zu "Gegenverkehr" und damit verbunden zu Ausweichmanövern. Womit dann durch die Ausweichler auch die mittlere "Überholspur" blockiert wäre.

Also langer Rede, kurzer Sinn: die Idee mit dem 25-m-Pool zum Bahnenschwimmen ist richtig gut, die Umsetzung scheitert so ein bisschen an der Praxis. Wobei dieses Hindernisschwimmen ja nichts Neues ist – das erlebe ich auch jede Woche im Bad Heusenstamm – nur ist das Becken da breiter, so dass man sich etwas leichter aus dem Weg gehen äh, schwimmen kann. Vielleicht sollte man hier noch zwei große Pfeile auf den Beckenboden malen – damit wird's dann auch jedem klar ...

Trotz allem ziehe ich das mit dem Kilometer durch – auch wenn es durch die vielen Ausweichmanöver wahrscheinlich eher 1,1 km geworden sind ...

Im Übrigen handelt es sich beim Sportpool um einen Salzwasserpool – man sollte also nicht zu viel davon trinken ;-) Und noch etwas für die eher technisch Interessierten: um einen solchen Pool auf einem Kreuzfahrtschiff (und dann noch so weit oben) bauen zu können, muss man sich eines Tricks bedienen. Bei Seegang wäre die Wassermenge nämlich so groß, dass diese unkontrollierbar hin- und herschwappen und damit eine Gefahr für die Stabilität des Schiffes darstellen würde. Dieses Verhalten umgeht man hier ganz elegant: der Pool kann in der Mitte mittels einer Trennwand geteilt werden, so dass danach zwei kleinere Pools mit je 12,50 m Länge entstehen – und davon geht dann wohl keine Gefahr mehr aus. Wieder was gelernt ...

Jetzt aber raus aus dem Wasser ... Und da direkt neben dem Pool zwei Whirlpools (für jeweils rund 10 Personen) vorhanden sind, mache ich dort auch gleich den Temperaturcheck. Da habe ich ja auf den unterschiedlichen Schiffen schon viel erlebt – von eiskalt (gern mal bei AIDA) bis kochend heiß (regelmäßig auf der Oasis oft the Seas) bis genau richtig (eigentlich nur auf Hurtigruten). Und jetzt auch hier. Die Wassertemperatur liegt leicht über (meiner) Körpertemperatur – und so soll es eigentlich ja auch sein in einem "hot tub" (und es hat schon seinen Grund, warum die Dinger auf Englisch nicht "cold tub" heißen). Hier bleibe ich ... zumindest mal so ein Viertelstündchen.

Dann geht's zurück in die Kabine unter die Dusche. Und auch die macht, was sie soll. Gefühlt ist sie etwas größer als auf AIDA, wobei das aber auch an der etwas eckigeren Form liegen kann. Der Ablauf ist kein reiner Bodenablauf sondern als Leiste an der Seite angebracht, was insbesondere bei sich bewegendem Schiff wohl Vorteile bringt, da sich das Wasser nicht ständig über dem Bodenablauf hin- und herschiebt sondern – wenn es denn einmal an der Wand angekommen ist – großflächig verschwindet.

Frisch geduscht ist es jetzt aber Zeit für ein kleines Frühstück. Optionen habe ich hier mehrere – von der Buffetform im Anckelmannsplatz oder im Atlantik auf Deck 3 bis zum A-la-carte-Frühstück im mediterranen Bereich des Atlantik-Restaurants.

Und da ich als "AIDA-Fahrer der Clubstufe Grün" (so die offizielle Bezeichnung der "Grünen" bei

AIDA) das ja aus dem Rossini oder dem Buffalo Steakhouse gewohnt bin, entscheide ich mich heute auch hier dafür. Ich laufe also auf Deck 4 (da die Restaurants auch hier (fast) alle im hinteren Bereich des Schiffes angesiedelt sind, ist der Weg von meiner Heckkabine nicht ganz so weit) und werde am Eingang des Restaurants sofort in Empfang genommen.

Einer der Gastgeber führt mich zu einem netten Tisch am Fenster und drapiert die Serviette auf meinem Schoß. Ein Kellner kommt vorbei und fragt nach, ob ich Kaffee wünsche (die Kanne hat er vorsichtshalber schon in der Hand). Ja, wünsche ich – aber als Cappuccino, worauf er sich auf den Weg macht, um das Gewünschte zu besorgen.

Eine weitere Kellnerin kommt inzwischen mit einem Buffetwagen angefahren, auf dem sich allerlei Sorten Wurst, Schinken, Käse, Fisch, Joghurt, Müsli und Obst befinden. Ich lasse mir etwas Lachs reichen und frage nach etwas Meerrettich. Den habe sie zwar nicht dabei, aber das wäre kein Problem; sie würde sofort welchen am Buffet ein Deck tiefer besorgen. Wow, ich bin schon wieder überrascht – oder eigentlich eher begeistert.

Und während der erste Kellner den Cappuccino auf den Tisch stellt, fragt er bereits nach Eierspeisen. Ich werfe einen kurzen Blick in die Karte auf dem Tisch und finde eine große Auswahl an warmen Gerichten vor: eigentlich alles, was man so aus Eiern machen kann sowie Minutensteaks, Würstchen und vieles mehr, was man so zum Frühstück mag oder zumindest mögen könnte. Im Übrigen wieder mal alles inkludiert – lediglich Champagner und Austern kosten extra. Aber damit kann ich leben ...

Ich entscheide mich für ein Omelette mit Schinken, Käse, Paprika und Zwiebeln als ich dann doch noch mit etwas aufpreispflichtigem konfrontiert werde: einem 0,3-l-Glas frischgepresstem O-Saft. Angerichtet wie ein Cocktail kommt der an meinem Tisch vorbei – da kann ich dann in der Tat nicht widerstehen. Und während es normale Fruchtsäfte inkludiert gäbe, kostet der hier 2,90 € - aber die ist mir das wert ...

Ich muss zugeben, ich bin rundherum zufrieden. Allein die Aufmerksamkeit der Kellner ist auf höchstem Niveau - Wünsche werden im Prinzip erfüllt, bevor sie auftreten. Oder anders gesagt: immer dann, wenn ich mir gewünscht hätte, dass ein Kellner mal bei mir vorbeischaut, ist auch einer da. So wird der Cappuccino unaufgefordert durch einen neuen ersetzt und immer dann, wenn mein

Teller leer ist, werde ich gefragt, wie meine weiteren Wünsche aussehen.

Tja, der Punkt geht ganz klar an TUI Cruises. Bei AIDA gibt es das zwar auch (wobei der Service hier erfahrungsgemäß sehr stark mitarbeiterabhängig ist), allerdings muss man dafür bereits mindestens 100 Tage auf AIDA unterwegs gewesen sein – oder bereit sein, dafür 18 € zu bezahlen. Und hier gibt es das für jeden – und zwar vom ersten Tag an.

Zum Frühstück lese ich übrigens gern eine Zeitung – und zwar auch, wenn ich vieles am Vortag schon mal irgendwo online gesehen habe. Und gerade im Urlaub, wo man ja nun nicht den ganzen Tag mit dem eingeschalteten Smartphone herumläuft (zumindest ich nicht), ist das immer eine schöne Zusammenfassung der Geschehnisse auf der Welt.

Dummerweise ist das auf einem Schiff bislang ja immer etwas schwierig gewesen, da die wenigsten Zeitungsboten gut genug schwimmen können. Hier sind also Alternativen gefragt. Und die gibt es inzwischen ...

Bereits bei der Vorbereitung hatte ich ja festgestellt, dass TUI gedruckte Zeitungen morgens auf die Kabine liefert – das ist zwar nicht ganz billig, angesichts des enormen Aufwands (meine auf DIN A3 ausgedruckte und geheftete "Welt am Sonntag Kompakt" war fast einen Zentimeter dick) aber nachvollziehbar.

Doch es geht auch günstiger – und vor allem umweltverträglicher: "iKiosk" heißt das Stichwort. Auf der Mein Schiff kann ich mich überall in das bordeigene WLAN-Netz einbuchen; hierüber wird dann auch der Internetzugang abgewickelt. Ich kann aber auch Digitalausgaben gängiger Zeitungen kaufen und lesen. Und das geht problemlos: einfach den Browser aufrufen, auf der automatisch erscheinenden Startseite "Digitalzeitungen" auswählen und dann – nach Anmeldung mit Name, Kabinennummer und PIN (bzw. Geburtsdatum) die gewünschte Zeitung auswählen und diese dann als PDF-Datei im Browser lesen oder auf das Gerät downloaden.

Ich mache das jetzt mal am iPad mit der WELT Kompakt; die Zeitung kostet mich als PDF-Ausgabe 0,80 € und ist in wenigen Sekunden heruntergeladen. Und schon kann ich die Zeitung ganz in Ruhe im Originallayout lesen. Und das sogar auf allen meinen Endgeräten, da ich die einmal gekaufte Ausgabe mit meinen Zugangsdaten jederzeit erneut kostenlos herunterladen kann – also beispielsweise auch auf dem iPhone oder dem MacBook ... ganz nach Belieben.

Und so sitze ich jetzt im Atlantik, lasse mir meinen Obstteller schmecken, den ich mir zum Abschluss habe zusammenstellen lassen und lese gemütlich die WELT Kompakt. So soll das sein ...

Aber irgendwann geht es hier natürlich auch im Programm weiter. Und so mache ich mich nun auf den Weg ins Theater – um 10.00 Uhr gibt es hier die Ausflugspräsentationen von Dubrovnik und Kotor. Eigentlich habe ich ja in beiden Lokationen einen Strandausflug gebucht – zumal ich zumindest Dubrovnik ja schon kenne. Aber vielleicht gibt es ja doch noch eine Alternative oder ein "Must-have-seen".

Das ist für Dubrovnik nicht der Fall – aber wer zum ersten Mal hier ist, sollte unbedingt die Fahrt mit der Seilbahn auf den Hausberg Srd, einen Besuch der Altstadt und einen Spaziergang auf der Stadtmauer unternehmen (wen die Details dazu interessieren, der schaut mal in meinen Reisebericht über meine Adria-Reise mit der AIDAaura). Für mich bleibt es bei dem Strandausflug am Nachmittag – das passt auch besser zum Wetterbericht, der für den Vormittag zwar Temperaturen knapp unter

30°C vorhersagt, aber auch eine Regenwahrscheinlichkeit von 35% angibt.

In Kotor ändere ich jedoch meine Meinung. Anstelle des Transfers zum Jaz Beach (der übrigens auch ganz toll aussieht) mache ich jetzt aber doch die Panoramafahrt – da ich noch nie in Montenegro war, scheint mir das die bessere Alternative zu sein ... zumal es Meer und Strand ja immer wieder mal irgendwo auf dieser Welt gibt ;-)

Ein Highlight der Präsentation muss ich aber noch erwähnen. Bei verschiedenen Ausflügen ist ein Mindestalter vorgeschrieben – das ist insoweit nichts Ungewöhnliches. Allerdings sind hier manche Ausflüge altersmäßig auch nach oben begrenzt (z.B. eine Bergwanderung, das Fahren mit Quads oder dem Segway). Da ist nämlich bei 60 (!) Jahren Schluss. Und dass das nicht unbedingt auf Zustimmung vieler im Publikum trifft, ist auch klar – und verständlich. Ich kenne 30-Jährige, die ich auf manche Bergwanderung nicht mitnehmen würde, aber auch knapp 90-Jährige, die heute noch ein Tau in der Turnhalle nach oben klettern (was ich beispielsweise nie konnte und wohl auch nie können werde). Zeitweise hatte ich sogar Angst, dass hier gleich ein Rollator auf die Bühne fliegt ... ;-)

Und da hilft es auch nicht viel, wenn TUI auf die örtlichen Agenturen verweist, die diese Regeln angabegemäß aufgestellt haben sollen (habe ich übrigens bei AIDA, die ja vermutlich die gleichen Agenturen beauftragt haben, so bislang noch nicht gesehen).

Aber ich habe ja Glück – mich betrifft das erst in gut zehn Jahren (je mehr ich aber drüber nachdenke, desto lächerlicher wird das – warum sollte ich denn in zehn Jahren nicht mehr mit dem Segway fahren können?) – und so mache ich mich also auf den Weg zum Ausflugscounter, finde sofort eine Ansprechpartnerin und kann meinen Ausflug in Kotor auch problemlos umbuchen (obwohl ich den im Vorfeld im Internet gebucht habe, geht das hier auch so wie bei AIDA – bis zum Buchungsschluss kann problemlos umgebucht werden). Und so tauscht man einfach mein Ticket für den Strandtransfer gegen das für die Panoramafahrt. Das war's. Keine Unterschrift, keine Bordkarte, die irgendwo eingelesen werden müsste – einfach so. Ich hätte es nicht erwartet: "Wohlfühlschiff" halt.

Auf dem Rückweg zur Kabine mache ich dann gleich noch einen Abstecher zur Fotogalerie. Dort ist alles so wie man das erwartet und kennt – die bei der Anreise gemachten Fotos werden ausgestellt und man kann diese kaufen. Allerding sind die Bilder nicht in ausgedruckter Form vorhanden sondern nur elektrisch. An großen Touchscreens wählt man zunächst das Thema aus (in meinem Fall also "Anreise" und dann "8 – 10 Uhr") und schon werden alle Bilder in allen Variationen (mit und ohne verschiedene Schmuckrahmen) angezeigt. Man blättert am Bildschirm also einfach durch die Galerie (an mehreren großen Monitoren an der Wand können dann auch andere dem Geschehen folgen), bis man das gewünschte Bild gefunden hat. Das kann man dann per Knopfdruck bestellen – mit und ohne Schmuckrahmen und in verschiedenen Größen (zu Preisen ab 7,50 € für ein Bild ohne Schmuckrahmen in 13x18 cm).

Der Warenkorb wird dann durch Vorhalten der Bordkarte an den RFID-Leser final bestellt, die Bilder können ab dem nächsten Tag abgeholt werden.

Und auch wenn das System mit der Gesichtserkennung auf den neuen AIDA Schiffen innovativer ist (wobei es da schon interessant zu sehen ist, wer mir nach Meinung des Computers alles ähnlich sieht), klappt das hier auch ganz hervorragend. Und ist in jedem Fall besser als Tausende von entwickelten Papierbildern zu vernichten (jetzt müsste sich diese

Kostenersparnis halt auch noch im Verkaufspreis widerspiegeln).

Bis zum Mittagessen ist jetzt ja noch ein bisschen Zeit – und die verbringe ich mit einem Saunagang und einem anschließenden Sonnenbad auf dem Nicht-FKK-Sauna-Außendeck mit einem guten Buch (besser gesagt einem E-Book). Die Sonne scheint unablässig, Wind ist praktisch nicht vorhanden und die UV-Strahlung soll entsprechend hoch sein. Von daher entscheide ich mich nach rund 1 ½ Stunden für etwas Schatten – und den finde ich im Gosch Sylt bei einem Bismarckhering- und einem Krabbenbrötchen. Sehr lecker.

Und dann wird es dringend mal Zeit, dass ich den heutigen See- pardon Schiffstag mal produktiv nutze und ein paar meiner Erlebnisse aufschreibe. Dazu mache ich mich wieder auf den Weg in die Schaubar (scheint meine Lieblingsbar zu werden), bestelle mir ein Tonic Water und setze meinen Bericht fort.

Gleichzeitig befasse ich mich mal mit dem Internetzugang auf dem Schiff, da hier auf See natürlich keine Landnetze empfangen werden können. Dem heutigen technischen Stand entsprechend scheint auf dem gesamten Schiff ein WLAN-Netz zu existieren (zumindest habe ich bislang noch keinen

Winkel entdeckt, auf dem kein WLAN verfügbar gewesen wäre). Neben dem Zugriff auf das digitale Zeitungsabonnement gibt es hier dann noch die Möglichkeit des Internetzugriffs. Hierfür werden – neben dem minutenbasierten Zugriff für 0,49 € pro Minute – zwei Pakete angeboten: 60 Minuten für 19,90 € und 180 Minuten für 49,90 €. Flatrates sucht man leider vergeblich.

Da ich zumindest an den beiden Schiffstagen einen Internetzugriff brauche (naja, haben will), entscheide ich mich für das 3-Stunden-Paket. Gebucht wird mittels Angabe von Name, Vorname, Kabinennummer und PIN, wobei die PIN für den Erstzugang das Geburtsdatum in der Form "TTMM" ist. Nach dem ersten Einloggen muss diese dann in eine frei gewählte vierstellige PIN geändert werden, die dann für alle weiteren Zugriffe (und somit auch für die finale Buchung des Pakets) genutzt wird. Wenn also jemand weiß, wie ich heiße, wo ich hier wohne und wann ich geboren bin, hat er freien Zugriff auf meinen Account – ob ich das so richtig gut finden soll, weiß ich nicht. Von daher kann man eigentlich nur empfehlen, sofort nach dem Aufsteigen die PIN entsprechend zu ändern – unabhängig davon, ob man die digitalen Dienste nutzen möchte oder nicht.

Und nachdem ich jetzt im Netz bin, könnte es auch gleich weiter gehen (die aktuelle Version meines Berichtes liegt nämlich in der Cloud – ist halt doof, wenn man verschiebt anstatt zu kopieren ...). Wenn denn da nicht die Gruppe Engländer wäre, die sich am Tisch neben mir niedergelassen hat. Die sind so lebhaft, dass ich nicht dazu komme, einen klaren Satz zu formulieren. Vielleicht sind das ja die gleichen wie an der Kölner Hotelbar ...?

Naja, wie auch immer – ich ziehe in die entgegengesetzte Ecke um und finde dort die notwendige Ruhe. Aber eigentlich passt das ganz gut, dann kann ich ja gleich was zu meinen Mitreisenden schreiben. Die sind nämlich meistens etwas älter als ich (obwohl in NRW schon Sommerferien sind) – oder andersrum gesagt: ich senke den Altersdurchschnitt. Ob das typisch für Mein Schiff ist, kann ich noch nicht sicher sagen, ganz auszuschließen wäre es allerdings nicht. Wobei das ja nicht wirklich schlimm ist ... es fällt halt nur auf. So braucht man sich hier an Bord auch keine Gedanken über das "Du" oder "Sie" zu machen – das "Sie" ist selbstverständlich (so wie es sich bei den AIDA-Passagieren inzwischen ja auch nach und nach durchzusetzen scheint).

Und noch etwas fällt auf: das Publikum ist ein bisschen internationaler als auf AIDA. Während dort so gut wie niemand an Bord ist, der nicht aus einem deutschsprachigen Land kommt (die Niederländer zähle ich jetzt einfach mal dazu – auch wenn es natürlich falsch ist), finden sich hier doch immer wieder mal Vertreter anderer Sprachgebiete. So sind mir bislang – neben den erwähnten Engländern – auch noch einige Spanier und Italiener aufgefallen. Und nur um das klarzustellen: das ist weder schlimm (im Gegenteil) noch problematisch. Die Bordsprache ist ja weiterhin Deutsch – man merkt es halt nur an der einen oder anderen Stelle, wenn zusätzlich noch mal etwas in Englisch ergänzt wird.

Oder jetzt halt – ich habe mir zum Schreiben natürlich genau den Ort ausgesucht, an dem jetzt Bingo gespielt wird. Soviel also zum Thema "Ruhe zum Schreiben" ... und das findet dann tatsächlich zweisprachig statt. Wobei das keine wirkliche sprachliche Herausforderung ist – außer den Zahlen wird hier nämlich nichts gesprochen. Hat also nichts mit dem Aktiv-Bingo auf AIDA zu tun sondern eher mit "Rumsitz-Bingo" auf der MS Deutschland. Und obwohl rund 50 Passagiere mitspielen, ist die Stimmung – sagen wir mal – überschaubar. Oder andersrum: ich war schon auf Beerdigungen, da war mehr los ... ;-)

Von daher stört das beim Schreiben also eher gar nicht. Lediglich beim finalen Bingo (es gibt 170 € zu gewinnen) tobt der Saal – oder anders ausgedrückt: es wird immerhin verhaltener Applaus zu Gehör gebracht. Also ganz ehrlich: dagegen ist selbst das Bingo auf den großen AIDA-Schiffen, das ja auch eher verhaltener ausfällt als auf den kleinen, ein Unterhaltungshighlight.

Ich denke nicht weiter darüber nach sondern mache mich so langsam auf den Weg in die Sauna . um mal einen Aufguss auf Mein Schiff mitzumachen. Mal schauen, wie das hier so läuft. Wie ich gelernt habe, macht es ja Sinn, im Bademantel die Sauna aufzusuchen (wegen der fehlenden Schlösser an den Spinden) – und da die Zeit noch langt, mache in noch einen Abstecher in meine Kabine, ziehe mich um und schlendere ans andere Ende de Schiffes. Hier komme ich kurz vor fünf an und erfahre, dass schon alles voll sei.

Das kann ich ja kaum glauben ... ich schaue in die Sauna und bin verwirrt; da sind ja gerade mal 25 Leute drin. Das Teil ist mindestens doppelt so groß wie sie Sauna auf der Cara – eher noch größer. Und da fahren schon über 35 Leute drin ...

OK, war gegen Ende einer 14-Tages-Reise als man sich etwas besser gekannt hat und kein Problem mehr damit hatte "Sauna" als "Sau-nah" auszusprechen. Aber 25 Leute ... in diesem Riesenteil? Geht ja gar nicht. Aber meint Ihr, da wäre mal einer gerückt. Nix ist passiert ... unglaublich.

Ich finde dennoch einen Platz. Einer kratzt sich nämlich unvorsichtigerweise am Kopf (und hat in dem Moment die Hand nicht mehr neben sich liegen gehabt). Und da sitze ich jetzt – leicht grinsend. ;-)

Und dann kommt der Sportie, der heute den Aufguss macht und erklärt lang und breit, was ein Aufguss ist, wie er ihn macht, was er von uns erwartet und gibt gleich noch ausführliche medizinische Hinweise, wie man sich danach richtig abkühlt. Ist klar, deswegen hat am Anfang, als er gefragt hat, wer noch keinen Aufguss mitgemacht hat, ja auch niemand die Hand gehoben. Ich möchte nicht wissen, wie seine Einweisung ausgefallen wäre, wenn sich einer als Neuling geoutet hätte.

Ein 13-jähriges Mädchen, das mit ihrer Mutter hier war, wurde übrigens gleich darüber informiert, dass sie nicht auf der zweiten Ebene zu sitzen habe sondern ganz unten und nach der ersten Runde unaufgefordert die Sauna zu verlassen habe. Das wäre ihm ansonsten zu riskant. Selbst der Hinweis der Mutter, das ihre Tochter schon seit Jahren in die Sauna geht und Aufgüsse mitmacht, hat ihn da nicht sonderlich interessiert. Ich bin immer mehr verwirrt, was die hier treiben - wahrscheinlich muss man hier zum nächsten Saunabesuch ein ärztliches Attest mitbringen ...

Der Aufguss selbst ist dann allerdings ganz OK. Es gibt drei Runden, er verwedelt gut und hat auch das mit dem Abschlagen einigermaßen im Griff. Lediglich die Raterunde nach dem Duft wäre spannender gewesen, wenn er nicht seine Frage im gleichen Atemzug selbst beantwortet hätte: "Wollen Sie mal raten, welchen Duft ich dabei habe? Es ist Papaya-Orange." Ah, jetzt ja.

Ich muss das morgen noch mal probieren – vielleicht geht das ja noch besser hier ...

Nach einer kurzen Abkühlung im Nicht-FKK-Sauna-Außenbereich und einer schönen kalten Dusche mache ich mich dann auf den Weg zum Abendessen (natürlich gehe ich erst in die Kabine und tausche den Bademantel gegen die lange Hose, die ich gestern aus dem Koffer geholt habe). Heute soll es mal ein A-la-carte-Restaurant sein – ich laufe also auf Deck 3 in den Klassik-Bereich des Atlantik.

Direkt am Eingang werde ich abgefangen und an einen netten Tisch geführt. Die Speisekarte wird gereicht, die Bestellung für einen Aperitif aufgenommen (es wird ein trockener Sherry, übrigens eines der "meisten Getränke"). Und während ich feststelle, dass das Schlemmermenü genau zu meinem Geschmack passt und ich weder etwas weglassen, noch etwas austauschen muss, kommt auch schon das bestellte alkfreie Hefeweizen (auch hier ein "meistes Getränk").

Und so sehe ich nach und nach folgende Speisen auf meinem Platz:

Creme Brulée von der Gänseleber mir Schokoladenkirschen
Weiße Spargelcremesuppe mit Morcheln
Steinpilzrisotto mir Bra-duro-Käse
Entenbrust mit Honig-Mohn-Glasur und getrüffeltem Kartoffelpüree
Pannacotta mit Waldfruchtkaviar

Zum Abschluss nehme ich dann noch die alternativ zum Pannacotta angebotene internationale Käseauswahl, ergänzt um einen Ramazotti und einen Espresso (beides ebenfalls inkludiert).

Und was soll ich sagen? Das ist echt lecker gewesen ... geschmacklich ist das irgendwo zwischen Marktrestaurant und Rossini angesiedelt. Aber in jedem

Fall ist der Service herausragend. Keine Tischsuche, kein ständiges Laufen zwischen Buffet und Tisch – einfach gemütlich beim Essen sitzen, seine Wünsche äußern und bedient werden ... das hat schon auch was. Und das ist ja auch einer der Gründe, warum ich bei AIDA immer wieder gern ins Brauhaus gehe (mal davon abgesehen, dass es da auch super schmeckt).

Es ist jetzt gegen acht – ich bin gut gesättigt und schwanke noch, welchen Termin ich gleich wahrnehmen soll. Denn da stehen zwei zur Auswahl ...

Einerseits ist um 21.00 Uhr die Kapitänsvorstellung im Theater mit anschließender Rockmusik-Show, andererseits steht parallel dazu eine Demonstration der Möglichkeiten des Klanghauses und ein kleines klassisches Konzert auf dem Tagesplan. Und da ich Kapitäne ja grundsätzlich schon mal gesehen habe (und unseren kenne ich darüber hinaus auch schon von der Vorpremierenfahrt auf der Mein Schiff vor fünf Jahren), entscheide ich mich für das Klanghaus.

Denn das ist mal wieder etwas Neues an Bord eines Kreuzfahrtschiffes. Oder anders ausgedrückt: so etwas gibt es aktuell noch auf keinem Schiff. Und darauf sind sie hier echt stolz. Und wie ich gleich erleben werde, zu recht.

Das Klanghaus ist im Prinzip so etwas wie eine kleine Philharmonie (also wie das Teil, dass sie da seit Jahren in Hamburg zu bauen versuchen). Komplett aus Aluminium gebaut und im Holzlook verkleidet, sieht der Raum aus als ob er vollständig aus Holz bestehen würde. Doch die wahren Geheimnisse stecken hinter den Wänden, in Nischen und Spalten. Unzählige Mikrofone, Lautsprecher, Subwoofer und vor allem viel digitale Steuertechnik machen den Raum zu dem, was er ist.

Jedes auf der Bühne gesprochene Wort, jeder auf einem Instrument gespielte Ton wird von den Mikrofonen eingefangen und je nach Bedarf verstärkt und mit dem notwendigen Hall versehen. Und wie das dann klingt, das hören wir jetzt bei einer kurzen Demonstration. Mit geschlossenen Augen würde ich in der Tat denken, die Orgel stünde im Kölner Dom oder ich wäre versehentlich in einen Club gebeamt worden, in dem einen die Beats die Musik nicht nur hören sondern im ganzen Körper spüren lassen. Einfach der Wahnsinn.

Und da nehme ich auch ein etwa halbstündiges Konzert in Kauf, bei dem uns ein Streichquartett auf Violine und Cello bekannte klassische Melodien zu Gehör bringt. Und auch, wenn Klassik jetzt nicht zwingend meine Musikrichtung ist, gefällt mir das richtig gut, was ich da zu hören bekomme. Gut vorstellen könnte ich mir hier auch ein Solo-Konzert mit David Garrett – dafür würde ich glaube ich sogar eine Reise buchen ;-)

Mal schauen, was diese Woche hier sonst noch so geboten wird – ich glaube, da könnte ich noch mal einen Abend vorbei schauen ...

Ansonsten ist der heutige Abend jetzt aber soweit gelaufen. Ich hole mir noch einen Cocktail und lese noch ein bisschen auf dem Balkon, den Blick immer wieder mal auf die Heckwelle gerichtet ... So könnte das jeden Abend sein - die regelmäßigen Besucher der Ocean Bar auf der Aura oder Vita wissen bestimmt, was ich meine ...

Dienstag, den 8. Juli 2014

Dubrovnik (Kroatien)

Heute ist unser erster Landtag nach unserer Abreise in Malta. Und wie immer wache ich pünktlich mit dem Sonnenaufgang auf. Doch was ist das? Der Blick aus dem Fenster zeigt Bewölkung ... haben wir heute nicht knapp 30°C und Sonne erwartet?

Ich will kurz den Wetterbericht checken, muss dazu aber erst einen Tages-Pass der Telekom erwerben – dafür gibt es dann 50 MB für 2,95 €. Und das ist eigentlich relativ fair. Ich schicke die entsprechende SMS, erhalte die Bestätigung und sehe Bewölkung. Hm, scheint zumindest deckungsgleich mit dem Wetter hier zu sein. Und trotzdem ist das doof, da ich heute Nachmittag ja einen Strandausflug gebucht habe – den würde ich ja nicht unter Wolken verbringen wollen.

Aber bis dahin ist ja noch etwas Zeit und "Weather Pro" sieht die Regenwahrscheinlichkeit von jetzt 35% im Laufe des Tages auch rückläufig bis auf etwa 5%. Wird also schon werden.

Von daher beginne ich den Tag heute mal mit dem Frühstück – im Sportpool wäre zwar viel Platz, aber das hängt damit zusammen, dass es gerade zu regnen angefangen hat (da hilft es auch nichts, wenn die Regenwahrscheinlichkeit nur bei 35% liegt; denn auch wenn es nicht wahrscheinlich ist – es regnet halt trotzdem).

Ich entscheide mich wieder für den mediterranen Teil des Atlantik, kann den gleichen Tisch wie gestern haben, bekomme meinen Cappu automatisch und auch der Meerrettich zum Lachs kommt heute gleich mit.

Neben einem Omelette mit allem gibt es heute noch ein Minutensteak und zum Abschluss wieder einen dieser Männerobst-Teller. Und natürlich den frisch gepressten O-Saft für 2,90 €. Dazu die WELT Kompakt auf dem iPad – so lässt es sich in den Tag starten.

Und da das Wetter inzwischen auf Komplettbewölkung und Dauerregen umgeschaltet hat, widme ich mich in meiner Kabine mal meinen bisherigen Fotos. Und stelle fest, dass da noch vieles fehlt, was es in diesem Schiff so zu sehen und fotografieren gibt. Das muss ich dann morgen früh mal machen, wenn alle in Kotor auf Ausflügen sind (meine

Panoramafahrt beginnt erst um 11.45 Uhr, da bleibt vorher noch etwas Zeit).

Die restliche Zeit bis zum Mittagessen verbringe ich dann ganz gechillt in der Sauna und im Ruheraum – der Außenbereich ist mir heute eindeutig zu nass ... auch wenn die Temperaturen das Tagesziel von rund 27°C bereits erreicht haben. Und ein paar Bücher habe ich ja auf dem Kindle dabei ... kann also nichts schiefgehen.

Geht dann aber doch ... ich unterbreche meinen Lesefluss für einen Cheeseburger mit Pommes an der Außenalsterbar und muss dabei feststellen, dass das Wetter doch noch extrem wechselhaft ist. Mal scheint ein bisschen die Sonne, dann kommt sofort wieder eine Wolke und ich sitze im Regen. Wenn das nicht in der nächsten Stunde aufhört, wird das ein ziemlich feuchter Ausflug ans Meer ☹

Und es hört nicht auf. Nach wie vor sind viele Wolken am Himmel und die Sonnenphasen sind nur überschaubar. Auch der eine oder andere Regentropfen ist immer mal dabei. Ich muss also eine Entscheidung treffen: Ausflug oder nicht Ausflug – das ist hier die Frage. Finanziell betrachtet bleibt es sich gleich: der Ausflug ist bezahlt und erstattet wird nichts. Von daher ist die Frage also eigentlich nur, ob ich an Bord im Trockenen bleibe (und wenn die Sonne doch noch dauerhaft rauskommt, mich ein bisschen ärgere) oder ob ich mit an den Strand fahre (und wenn die Sonne dann doch nicht rauskommt, mich ein bisschen ärgere).

Ich entscheide mich für ersteres: wenn es regnet, werde ich hier wenigstens nicht nass. Und wenn die Sonne scheint, kann ich mich ja auch hier in die Sonne legen. Anders am Strand: wenn es da regnet, werde ich sicher nass. Ich gehe also zum Treffpunkt und sage meine Teilnahme ab. Ich bekomme noch die Info, dass ich die Ausflugskosten mit einem ärztlichen Attest erstattet bekäme. Klar, ich könnte jetzt natürlich auch Kopfschmerzen haben - aber dafür bin ich dann doch zu ehrlich.

Von daher mache ich mich wieder auf den 300 m langen Weg zum Saunabereich, von wo aus ich zusehen kann, wie die Wolken sich verziehen und innerhalb einer Stunde strahlender Sonnenschein und blauer Himmel vorherrschen. Murphy halt ... aber gut, dann halt Plan B. Ich gehe zurück zu meiner Kabine, rolle die Liege in die Sonne und nutze mal meine 30 qm Veranda zum Sonnenbad.

Kurz vor 18.00 Uhr starte ich dann das Abendprogramm – 300 m liegen bis zum Aufguss vor mir. Dieses Mal gehe ich rechtzeitig in die Sauna (bevor die nachher wieder "voll" ist), verlasse mich dabei aber auf die Zeitangabe eines Mitreisenden. Und dummerweise ist es nicht fünf vor sechs (wie er mir sagte) sondern 15 vor sechs – mit dem Ergebnis, dass ich jetzt zwar einen Platz in der Sauna habe, ich bis zum Aufguss aber schon durchgeschwitzt bin ... Super gelaufen.

Ich lasse den Aufguss also Aufguss sein, dusche kalt, weiß jetzt, was das Codewort auf der Mein Schiff für einen medizinischen Notfall ist (der spielt sich nämlich nebenan in der Damenumkleide ab, wie ich später erfahren werde – ist aber wohl gut ausgegangen) und habe eine nette Unterhaltung mit einem Kölner Reisebüroinhaber zum Thema "Kreuzfahrten" auf dem Nicht-FKK-Sauna-Außenbereich.

Ja, und dann wird es Zeit – Zeit für den großen Fußballabend. Der geplante Einzug ins Finale der Fußball-WM steht vor der Tür. Und dafür gibt es hier zwei Public-Viewing-Optionen: entweder in der Sportarena auf der LCD-Großbildwand oder alternativ im Theater – und hier in Verbindung mit der "TUI Cruises Sportschau" mit Reiner Calmund und Bernd Schneider.

Ich bin da echt hin und hergerissen – das Feeling ist in der Arena sicher besser. Aber Calli hat natürlich auch was ... naja, mal sehen. Ich gehe jetzt erstmal eine Kleinigkeit essen – damit ich dann gestärkt ins Halbfinale gehen kann ...

Und wo geht man hin, wenn's schnell gehen soll? Richtig, in den Anckelmannsplatz. Ich stelle mir ein paar Vorspeisen und einen Salat zusammen und lasse mir dann im Wok mal ein bisschen Rind mit irgendwas Grünem zusammenkochen – noch ein scharfes Sößchen dazu und alles ist gut.

Das ist jetzt übrigens mal eine gute Gelegenheit, über den Dresscode an Bord zu sprechen. Grundsätzlich ist das hier ja wie bei AIDA – "sportlich leger" heißt soviel wie "wie daheim". Und das sieht natürlich bei jedem ein bisschen anders aus. Die einzige Regelung betrifft ja die Herren, die "zum Abendessen die lange Hose aus dem Koffer holen" sollen. Und da klappt auch ganz gut – zumindest im Atlantik ist mir noch keine kurze Hose aufgefallen. Außer bei dem einen oder anderen Jugendlichen – die sehen sich in dieser Frage dann mal noch als Kind. Gehen nach dem Essen aber an die Bar und wollen ein Bier ...

Aber das wollte ich jetzt ja gar nicht schreiben. Ich wollte auf den Dresscode im Anckelmannsplatz kommen – und da gibt es in der Tat dann doch einige Kurz-Behoste auch gesetzteren Alters. Nicht, dass ich das jetzt schlimm fände – und es scheint sich auch keiner dran zu stören ... aber da ist es dann wieder ein bisschen wie auf der Oasis. Im Hauptrestaurant ist "formell" angesagt und im Buffetrestaurant "leger". Und das bedeutet dann für die meisten Amis Sporthose, Badeschlappen oder Baseketballschuhe und die obligatorische Basecap. Da geht's uns hier mit ein paar behaarten Männerbeinen ja eigentlich noch ganz gut ... ;-)

Ach ja, heute ist der Dresscode übrigens ziemlich einheitlich: "Deutschland-Trikot". Und zwar alle, die seit der WM 1954 so getragen wurden ... Bezüglich der Namen siegt übrigens Müller deutlich vor Schweinsteiger. Ganz selten sieht man einen Özil – dafür inzwischen den einen oder anderen Neuer. Bin echt mal gespannt, was uns da heute erwartet – ich habe zwar für Deutschland getippt, so wirklich sicher bin ich da aber nicht.

Ich nehme zum Abschluss noch zwei Kugeln Eis im Becher (heute mal Amalfi-Orange und Kokosnuss) und mache mich auf den Weg ins Theater. In der Sportarena werden die Tribünenplätze langsam knapp – und eine Liege auf dem Spielfeld selbst ist mir zum Fußballgucken dann doch zu statisch. Außerdem will ich hören, was Calli uns zu sagen hat.

Der Eingang auf Deck 4 ist noch geschlossen, dafür ist der auf Deck 5 schon auf. Und von hier oben sieht man wahrscheinlich eh besser, da man dann auf einer Höhe mit der Leinwand ist. Ich finde noch einen Platz in der ersten Reihe und harre mal der Dinge, die da jetzt kommen.

Zunächst kommen noch ein paar Passagiere (ich weiß jetzt gar nicht, wieviele in das Theater reingehen – zum Schluss ist es aber voll) und dann Bernd Schneider und Reiner Calmund. Wir hören noch ein knappes halbes Stündchen WM-Analyse, wissen jetzt, dass wir wahrscheinlich einen kleinen Vorteil gegenüber Brasilien haben, dass es aber ein schweres Spiel wird.

OK, das wussten wir auch vorher ... aber das aus so berufenem Mund noch mal bestätigt zu bekommen, hat ja auch was. Und wir wissen noch etwas mehr: nämlich dass es Zeit wird, dass bei Özil "mal der Wecker klingelt", denn: "die WM hat angefangen „,".

Im Publikum befindet sich übrigens noch mehr Prominenz: Karl Dall verbringt seinen Urlaub auf dem Schiff und ist heute beim Rudelgucken mit dabei ... Sachen gibt's.

Und dann geht's los: die Brasilianer fangen stark an (etwa 2-3 Minuten) und lassen dann genauso stark nach (etwa 30 Minuten). Dafür drehen die Deutschen auf – und schießen ein Tor nach dem anderen. Heute gilt: "Jeder Schuss ein Treffer" (bis auf den von Özil) und "Wer hat noch nicht, wer will noch mal?" Einfach nur geil – und das im vollbesetzten Theater. Mehr Stimmung geht kaum noch. Und als dann die drei Tore innerhalb von drei Minuten fallen, bebt der Saal. Die meisten haben das 4:0 ja gar nicht mitbekommen, weil sie dachten, das wäre noch die Zeitlupe vom 3:0 ... Einfach nur Wahnsinn.

Dann endlich Halbzeit. Alle rennen raus, alle haben Durst. Und da zeigt sich der Vorteil von "Premium Alles Inklusive". An der Bar werden die Getränke einfach nur so über den Tresen gereicht – auf AIDA wären 75% durstig zurück ins Theater gegangen, weil die Abrechnung viel zu lange gedauert hätte. Ich weiß nicht, aber irgendwie fühle ich mich hier immer wohler ...

Über die zweite Halbzeit gibt es dann eigentlich gar nicht mehr so viel zu sagen. Das eine oder andere Tor fällt noch, die Brasilianer kommen zu ihrem Ehrentreffer (hätte man sonst ja fast aus Anstand als Eigentor machen müssen) und Deutschland steht nach einem 7:1 über Brasilien im Finale der WM 2014. Da passt der Witz, den mein Nachbar zur Linken gerade streut genau dazu: "Treffen sich ein Holländer und ein Deutscher. Sagt der Holländer: wir spielen morgen gegen Argentinien. Antwortet der Deutsche: Was für ein Zufall – wir am Sonntag auch!" (Anmerkung des Autors für diejenigen, die das erst in einigen Jahre lesen und die WM 2014 nicht mehr so parat haben: morgen ist das zweite Halbfinalspiel zwischen Holland und Argentinien. Und am Sonntag dann das Finale gegen uns ...)

Doch zurück ins Theater. Das Spiel ist aus und Calli kommt wieder auf die Bühne. Er soll da jetzt das Spiel analysieren. Und das macht er ganz kurz: "Leute, was soll ich denn da noch analysieren und das Haar in der Suppe suchen? Lasst uns an die Bar gehen und uns einen saufen ...!" Spricht's und verschwindet von der Bühne. Mal schauen, an welcher Bar wir ihn finden ...

Ich mache noch mal einen Abstecher aufs Pooldeck – da läuft heute nämlich eine Poolparty. Und jetzt wird es da auch richtig voll ... mal schauen, ob das mit dem Premium Alles Inklusive hier heute nicht ausartet – das ist ja immer so die Befürchtung, die ich habe, wenn's nix kostet ...

Ich trinke noch ein Hefeweizen, schaue auf dem Rückweg noch mal kurz im Tag & Nacht Bistro vorbei, fülle dann meine Wasserkaraffe für die

Nacht und beschließe den Weg ins Bett zu finden – schließlich ist die Nacht morgen früh um 6.00 Uhr vorbei. Denn: die Einfahrt durch die Fjorde in den Hafen von Kotor muss wohl eine schönsten Hafeneinfahrten sein, die es so gibt - und die will ich dann ja nicht verpassen – zumal ich ja eigentlich ein ganz netten Blick vom Balkon haben müsste ...

Mittwoch, den 9. Juli 2014
Kotor (Montenegro)

Es ist 6.00 Uhr – das iPhone klingelt. Warum eigentlich ... ? Ach so, ja – die Hafeneinfahrt in Kotor. Meine Schiebetür ist natürlich wieder zu (ich muss das mit der Dachlatte bis zur Fahrt mit der Mein Schiff 4 im kommenden Sommer unbedingt mal angehen), aber der Blick durch die Scheibe sieht schon mal gut aus ...

Das hat in der Tat so ein bisschen was von einem norwegischen Fjord. Rechts und links türmen sich die Berge und dazwischen schieben wir uns ruhig und sanft in Richtung des Hafens. Knapp zwei Stunden dauert die Einfahrt, bis wir unseren Liegeplatz wenige hundert Meter vor der Kaimauer erreicht haben.

Von hier aus werden wir dann mit den Tenderbooten an Land gebracht. Und das läuft hier ein kleines bisschen anders als bei AIDA. Und zwar strukturierter. Denn: hier geht man nicht einfach zum Ausgang und wartet dann auf freie Plätze im Boot. Hier geht man an einen separat eingerichteten Schalter auf Deck 4 und holt sich eine sog. "Tenderkarte". Auf dieser befindet sich ein Ländername (also so etwas wie "Ägypten" oder "Dänemark") – und der zeigt an, wann das Tenderboot zum Einsteigen bereit ist. Das Ganze wird dann wiederum an Bord durchgesagt (in der Kabine auf Kanal 2 im TV), so dass man sich erst dann auf den Weg zum Boot begibt und dann ohne Wartezeit einsteigen kann.

Diejenigen, die einen Ausflug gebucht haben, erhalten ihre Tenderkarte übrigens am entsprechenden Ausflugstreffpunkt – hier ist also nichts weiter zu tun.

Das Ganze macht auf mich einen gut organisierten Eindruck – und in der Tat habe ich hier keine Warteschlangen in den Treppenhäusern gesehen. Scheint also zu funktionieren.

Doch soweit ist es für mich noch nicht – unser Treffen zur "Panoramafahrt Montenegro & Kotor" ist erst um 11.45 Uhr, so dass jetzt noch genügend Zeit für ein ausgiebiges Frühstück im Restaurant Atlantik bleibt. Und so langsam wird das schon Routine – Cappu und Meerrettich zum Lachs kommen automatisch und auch beim Omelette muss ich meine Wünsche nur noch äußern, weil heute noch Paprika und Champignons dazukommen.

Und zugegeben: das hat schon einen Hauch von Luxus, hier gemütlich und in aller Ruhe zu Frühstücken, dabei auf dem iPad die aktuelle Zeitung zu lesen (vor allem, wenn da heute in schwarz-rot-goldenen Lettern "7:1" auf dem Titel steht) und sich ab uns zu mal ein Erdbeerchen in den Mund zu schieben. OK, Kritiker werden vielleicht sagen: "Wie, die muss man sich noch selbst in den Mund schieben???" Und ja, in der Tat – soweit geht der Service dann halt doch nicht ... ;-)

Das Wetter ist heute im Übrigen so ähnlich wie gestern. Zwar relativ warm (geschätzt 27°C), aber doch deutlich bewölkt und leicht regnerisch. Hoffentlich reißt das dann zum Nachmittag auf, damit wir bei unserem Ausflug auf die umliegenden Berge eine gute Aussicht in den Fjord und auf unser Schiff genießen können – das ging im Geiranger Fjord in Norwegen ja auch schon mal schief: da hat man dann außer Nebel nichts gesehen von der alten Blu ...

Bis dahin sind aber noch fast drei Stunden Zeit – und so mache ich heute mal den geplanten Schiffsrundgang, um die noch fehlenden Bilder vom Schiff nachzuholen. Schließlich wollt Ihr ja wissen, was Euch hier so erwartet ...

Ich beginne dabei am Heck auf Deck 12 und arbeite mich deckweise bis auf Deck 3 durch. Und erlebe gleich im ersten Treppenhaus das wahre Leben. Sagt sie zu ihm: "Egon, Du hast Dich verlaufen." - Und er: "Nein, ich bin nur ein Deck zu hoch." Dann wieder Sie: "Und auf der falschen Seite.", woraufhin er weiß: "Und? Wir müssen nur einmal ums Schiff laufen, dann stimmt's wieder."

Und während ich mich so durchs Schiff arbeite, fällt mir immer mehr auf, dass doch sehr vieles sehr ähnlich zur Oasis of the Seas gestaltet ist – ich bin mir fast sicher, dass die Pläne der Oasis bei der Planung dieses Schiffes mit auf dem Tisch lagen ... wobei das ja nichts schlechtes ist – die Oasis ist ja nun mal auch ein tolles Schiff.

Gut 1 ½ Stunden bin ich unterwegs, bis ich alles gesehen habe. Und bin grob überschlagen 3 km gelaufen ... von daher ist der heutige Sportpart bereits erledigt ;-) Morgen geht's dann wieder weiter mit dem Morgenschwimmen. Ach ja, und die Muckibude muss ich ja auch noch testen ...

Unterwegs fällt mir übrigens auf, dass es im Anckelmannsplatz relativ voll ist, während es im Atlantik (zumindest im A-la-carte-Teil) eher leer bleibt. Ob das daran liegt, dass nicht jeder mitbekommen hat, dass man dort auch frühstücken kann? Oder dauert das der Mehrheit zu lange, so dass man sich eher selbst am Buffet bedienen will? Schwer zu sagen – ich kann aber jedem nur empfehlen, das A-la-carte-Frühstück im Atlantik einfach mal auszuprobieren ...

Inzwischen nähert sich der Zeiger meiner Uhr übrigens der 11.30 Uhr-Marke – Zeit, sich für den Ausflug vorzubereiten. Ich habe mir auf meinem Weg durchs Schiff auf Deck 4 noch eine Flasche "Mein Schiff"-Wasser für unterwegs besorgt (der Liter kostet 2,60 €). Abgefüllt wird das Ganze übrigens exklusiv von der "Güstrower Schlossquell" – kommt da nicht auch exklusiv das Wasser auf AIDA her?. ;-)

Ich packe noch ein bisschen was für unterwegs in meinen Rucksack (eine dünne Jacke, einen Schirm, das Wasser, den Fotoapparat, meinen Kindle, Kopfhörer, Kotztüten (nicht zwingend für mich, wird aber immer wieder gern mal von anderen Passagieren im Bus nachgefragt)... naja, was man halt so braucht, wenn man fünf Stunden unterwegs ist und davon mehr als drei im Bus sitzt) und mache mich dann auf den Weg ins Theater auf Deck 4 zu unserem Treffpunkt.

Dort werde ich registriert (also meine Kabinennummer auf einer Liste farbig markiert) und ich erhalte die Tenderkarte. Mein Land ist Australien – und es wird in etwa 20-30 Minuten mit dem Boot gerechnet. Also noch ausreichend Zeit, um im "Tag und Nacht Bistro" noch ein, zwei Stückchen Pizza zum Mittag zu essen – schließlich kommen wir ja erst zum Abendessen zurück.

Ich gehe also hoch auf Deck 5 und bin überrascht: das Bistro ist mit Bändern abgesperrt. Und vermutlich habe ich dabei meinen "Versteh-ich-nicht"-Gesichtsausdruck aufgesetzt, denn einer der Streifenträger erklärt mir, dass jetzt der Wechsel zwischen Frühstück und Mittagessen stattfindet – und das Bistro in etwa 30 Minuten wieder aufmacht.

Ah ja, 24 Stunden geöffnet heißt also 23 ½ Stunden geöffnet? Und die halbe Stunde dazwischen ist genau die, in der ich das mal bräuchte? Nachts zwischen drei und halb vier wär's mir egal – aber jetzt? Dumm gelaufen. Also ab in den Anckelmannsplatz – oder besser in die Backstube davor. Da gibt's doch Paninis und Sandwiches – und wenn die jetzt nicht gerade den Speck gegen den Schinken wechseln, klappt ja vielleicht das.

Und siehe da – ich habe Glück: der Paninibeleger steht schon bereit und wetzt bereits das Messer. Ich bestelle also ein "Panini des Tages" (Schinken, Chiligurken, Zwiebeln, Tomate, Käse). Und das schmeckt richtig gut – und ist für zwischendurch mal eine echte Alternative zum Burger am Grill.

Und zeitlich passt es genau: Ich wasche mir gerade die Hände nach dem Essen, als der Tender "Australien" aufgerufen wird. Im hinteren Treppenhaus geht es nach unten auf Deck 2, wo unser Tenderboot bereits zum Einsteigen bereit ist. Und schau mal einer an – hier sind richtig viele Leute damit beschäftigt: zwei, die beim Einsteigen helfen, einer der das Teil fährt und drei, die die Leute im Boot verteilen und aufpassen, dass ja keiner wieder aufsteht. Bei AIDA ist das ein bisschen sparsamer – da wird zwar inzwischen auch geguckt, dass alle sitzen bleiben – aber ganz so viele Ordner sind da dann doch nicht unterwegs.

Einziger Nachteil: es gibt keine Chance, die ansonsten günstige Gelegenheit für Fotos vom Schiff zu nutzen – denn allein der Gedanke, mal kurz aufzustehen, wird von den Jungs bemerkt und im Keim erstickt; frei nach dem Motto "Denk nicht mal dran ..."

Also gut, ich stelle diese Gedankengänge ein, stelle aber zumindest fest, dass es gut war, nicht zu früh einzusteigen. Dadurch habe ich einen der letzten Plätze bekommen – und das sind die ersten, die wieder aussteigen. Und die wiederum sind dann auch die ersten, die in Richtung der Busse gehen. Und die sind dann diejenigen, die sich im Bus ihre Plätze noch aussuchen können. Und das wiederum mache ich gern ;-)

Und so geschieht es auch – ich führe das Feld der Ausflügler, die in Richtung unserer Busse laufen, an. Dicht verfolgt von einem Ehepaar gesetzteren Alters, die beide von ihren Rollatoren Höchstleistungen abfordern – aber von diesen spontanen Wunderheilungen, wenn es um die Platzzuteilung in Ausflugsbussen geht, hatte ich in früheren Berichten ja immer wieder mal berichtet.

Heute gibt es aber noch eine Steigerung dazu: kurz vor dem Bus schreit die mich verfolgende Seniorin (gar nicht so einfach, das alles so politisch korrekt wiederzugeben): "In der ersten Reihe sitzen wir. Mein Mann ist herzkrank!" Ich zucke zusammen. Und habe Angst. Angst, dass sie als nächstes ihren Rollator losschickt, um mich von hinten auszuschalten.

Und dabei will ich doch gar nicht in die erste Reihe. Sondern in die Reihe hinter der hinteren Tür – weil da halt meistens viel Platz ist und man in der Regel ein großes Fenster zum Fotografieren hat. Und außerdem bin ich ja nicht herzkrank. Ich bleibe also stehen, lasse die beiden passieren – und setze mich dann gemütlich auf den geplanten Platz.

Aber auch den wollte jemand haben. Und zwar mit einer unglaublichen Taktik. Da ich nur den Fensterplatz belegt habe, ist der andere neben mir ja erst mal frei geblieben (und meistens bleibt das auch so, da immer ein paar Leerplätze einkalkuliert sind). Heute fragt aber eine ältere Dame, ob der noch frei wäre. Da meine Erziehung ja nun nicht ganz umsonst war, biete ich diesen gern an: "Ja, bitte." Und dann kommt's: sie sitzt noch nicht richtig, als sie mir mitteilt, dass sie gern neben ihrem Mann sitzen würde (der jetzt allein in einer der mittleren Reihen sitzt) und ob es mir etwas ausmachen würde, mit ihm zu tauschen. Da war es dann allerdings vorbei mit meiner Erziehung. Die Antwort war kurz, knapp und deutlich: "Ja."

Sie sitzt jetzt übrigens in einer der mittleren Reihen – neben ihrem Mann.

Eine andere Dame wird von ihrem Begleiter (vermutlich ihr Mann) gefragt, wo sie sitzen wolle – ob am Fenster oder am Gang. Die Antwort ist eindeutig: "Mir ist das egal. Aber ans Fenster gehe ich nicht." Ja, dann ...

Aber irgendwann sitzen alle irgendwo. Die Herzkranken in Reihe 1, die Dreisten irgendwo in der Mitte, die Egal-Dame am Gang und ich in der Reihe hinter der hinteren Tür. Also alles gut ... und schon kann es losgehen.

Unser montenegrinischer Reiseleiter begrüßt uns in fast akzentfreiem Deutsch, wünscht uns einen schönen Tag und stellt den Busfahrer vor. Von diesem wissen wir jetzt zweierlei: zum einen den Namen (den ich mir aber nicht merken kann) und zum anderen, dass er die Serpentinenstrecke, die wir jetzt fahren, schon einmal gefahren ist – und sie von daher kennen würde.

Das wäre nämlich nicht unwichtig, da die Straße so schmal ist, dass eigentlich nur ein Bus gleichzeitig die Straße benutzen kann – ab und zu käme es aber schon vor, dass da mal ein zweiter in die Gegenrichtung will. Und dann müsse man auch schon mal ein paar hundert Meter den Berg wieder rückwärts runterfahren – und da wäre es ja dann schon gut, dass er den Berg immerhin schon einmal vorwärts rauf gefahren ist ...

Aber da mein Vertrauen in Busfahrer ja eigentlich grenzenlos ist, wird es schon irgendwie gut gehen. Wobei ich anfange zu zweifeln, als unser Reiseleiter (scherzhaft) erwähnt, dass die Strecke in der Regel für Fahrprüfungen genutzt würde – wer lebend oben ankommt, bekommt den Führerschein.

Dafür haben wir mir dem Wetter Glück. Heute Vormittag war es ja ziemlich bewölkt (die Vormittagsgruppe hat wohl auch Pech mit der Aussicht gehabt), jetzt ist der Himmel aber aufgerissen und zeigt sich im wesentlichen in seinem schönsten Blau. Also alles richtig gemacht ...

Wir sind inzwischen bei Kurve 16 (von 25) – und die Aussicht in die Bucht von Kotor wird immer besser. Und wer schon mal Bilder aus dem Geiranger Fjord in Norwegen mit auf Reede liegenden Kreuzfahrtschiffen gesehen hat, hat eine ungefähre Vorstellung von dem Blick, der sich uns jetzt bietet.

Und der wird von Kurve zu Kurve besser bis wir oben angekommen sind und einen ersten Fotostopp machen. Damals im Geiranger Fjord hatte ich Pech mit dem Wetter (da waren im wesentlichen Wolken zu sehen), heute habe ich Glück – das gibt nette Bilder. Obwohl es, wie wir auf der Busfahrt gelernt haben, kein Fjord ist sondern eine Bucht (das hat irgendwas mit der Eiszeit zu tun). Ist mir aber ehrlich gesagt egal – es sieht gut aus.

Allein schon dafür hat es sich gelohnt, dass ich den Strandausflug gegen diesen getauscht habe. Strand und Meer gibt's ja immer wieder mal (spätestens im Dezember in der Karibik) – aber dieser Blick ist schon phänomenal.

Auch wenn es beim Aussteigen aus dem Bus wieder mal Durcheinander gibt. Da wagt nämlich jemand, sich zwischen den aussteigenden Ehemann und die ihm folgende Ehefrau zu drängen (wobei von Drängen eigentlich keine Rede sein kann – der Abstand zwischen beiden ist halt ziemlich groß gewesen). Und das wäre ja eigentlich nicht schlimm, wenn sie nicht sofort loswettern würde, dass der Typ ihr Mann wäre und sie nach ihm gucken müsse. Ja hat die denn Angst, dass er sich auf den drei Stufen verläuft? Und langsam macht mir das Angst - hoffentlich werde ich nicht auch mal so …

Aber wie auch immer – inzwischen sind die Fotos gemacht und alle wieder eingestiegen, der Mann von der Frau ist auch nicht verloren gegangen und wir fahren zum nächsten Stopp. Das ist ein kleines Restaurant, in dem wir einen Snack (etwas Käse, etwas Schinken, etwas Wein) bekommen. Und während der Käse und der Wein normal schmecken, fällt der Schinken aus dem Rahmen – der schmeckt nämlich richtig gut. Und bis eben wusste ich auch gar nicht, dass Montenegro für seinen Schinken bekannt ist. Da sieht man es mal wieder: Reisen bildet.

Wir machen hier eine gute halbe Stunde Pause, so dass es noch ausreichend Zeit für einen Toilettengang gibt und auch noch die Chance besteht, die provisorisch aufgebauten Souvenirstände zu besuchen – und so gibt es auch die obligatorische Chance auf einen Wandteller.

Das Bezahlen macht dabei kein Problem (macht es ja sowieso selten). Der Euro wird nicht nur problemlos genommen, der ist hier sogar offizielle Landeswährung. Was eigentlich schon erstaunt für ein Land, das noch nicht mal in der EU ist. Lässt sich aber einfach erklären: in früheren Zeiten (als Montenegro noch Bestandteil von Jugoslawien war), haben wohl viele Montenegriner als Gastarbeiter in Deutschland gearbeitet und somit die DM mit nach Hause genommen. Und wo die schon mal da war, hat man die dann seinerzeit einfach in Euro getauscht – und da damit im Land sowieso fast nur Euros waren, war es naheliegend, das auch gleich als offizielle Währung zu nutzen. Die EU hatte wohl nichts dagegen (fällt bei einem Land mit noch nicht mal 700.000 Einwohnern vermutlich auch nicht so ins Gewicht) – und so gibt es also auch ein Euro-Land, das noch nicht mal in der EU ist.

Und über noch eine Kuriosität kann ich berichten: unseren Reiseleiter. Der ist jetzt zwar kein Kuriosum, aber die Tatsache, wo und wie er Deutsch gelernt hat, ist schon bemerkenswert – zumal er nie in Deutschland gelebt hat.

Angefangen hat wohl alles mit seinem Opa, der jahrelang in Deutschland gearbeitet hat. Dadurch hat er nach seiner Rückkehr nach Montenegro eine Satellitenschüssel installiert, um weiterhin das deutsche Fernsehen zu empfangen (in Montenegro gibt es wohl nur zwei Sender). Und unser Reiseleiter hat als kleines Kind mehr oder weniger den ganzen Tag vor dem Fernseher gesessen (er selbst bezeichnet sich als "Fernsehkind") und deutsche Sendungen (meistens Zeichentrickfilme) geguckt. Und irgendwann hat das dazu geführt, dass er praktisch so nebenbei Deutsch gelernt hat.

Und das ist wohl vielen in Montenegro so ähnlich ergangen – da alle ausländischen Filme und Serien in Montenegro im Original mit Untertiteln gesendet werden (Synchronisation lohnt sich wohl nicht unbedingt), lernen viele hier von Klein auf praktisch nebenbei Englisch, Deutsch und Italienisch.

Ähnliches kennt man ja auch aus den Niederlanden – auch dort werden viele Filme unsynchronisiert im Original gezeigt, so dass es kaum einen Niederländer gibt, der nicht Englisch und Deutsch spricht – oder es zumindest sprechen könnte.

Aber irgendwie bin ich wieder vom Thema abgekommen ... wir befinden uns jetzt auf der Rückfahrt nach Kotor. Und nachdem es anfänglich wieder auf engen Straßen den Berg hinuntergeht (nur dass dieses Mal auch vielfach noch die Begrenzungsmauer auf der Talseite fehlt), handelt es sich beim letzten Stück um ganz normale Überlandstraßen.

Diese führen uns – vorbei an einem weiteren Fotostopp – zurück nach Kotor, wo wir noch eine kleine Stadtführung in der Altstadt haben. Aber zugegeben: ich hätte stattdessen lieber 45 Minuten Freizeit gehabt, um in einer der zahlreichen Kneipen einen Espresso oder so was zu trinken – die geschichtlichen Details kann man dabei ja in Wikipedia lesen. Das ist aber natürlich Geschmackssache – andere werden die Führung vielleicht als das Highlight des Ausflugs angesehen haben.

Von der Altstadt sind es nur fünf Minuten zu Fuß bis zur Anlegestelle unseres Tenderbootes, so dass wir kurz vor sechs bereits auf dem Weg zurück zum Schiff sind. Und zugegeben: alle in diesem Boot können es kaum erwarten, zurück an Bord zu sein. Und ich meine alle. Nicht, weil der Seegang so stark wäre oder unser Steuermann nicht gut fahren würde – nein: wir haben ein schreiendes Kind im Tenderboot. Und das hört nicht auf – die Ausdauer ist gnadenlos. Zusammen mit der Wartezeit hat das Mädel kein Problem, gute 20 Minuten am Stück zu weinen, zu schreien oder zu schimpfen. Ergänzt mit dem einen oder anderen kleinen Schlag auf Mutti oder dem Umherwerfen von Trinkflaschen und Spielzeug.

Und genauso wie es in Deutschland 80 Mio. Bundestrainer gibt, haben wir im Tenderboot rund 100 Erziehungsberater. Jede(r) weiß was dazu: Sie hat Hunger. Sie hat Durst. Sie ist krank. Sie wird krank. Sie war krank. Sie will was anderes ...

Was die genauen Gründe für diese Schreiorgie sind, werden wir ja wohl nie erfahren – wir wissen aber, dass der ältere Herr hinter mir gewusst hat, dass ein "Klaps noch niemandem geschadet hätte" (was vermutlich sogar stimmt), aber dennoch gegen die gesetzlich verankerte gewaltfreie Erziehung verstoßen würde – und von daher ist das also wohl auch keine Lösung. Aber wie auch immer – da müssen die beiden wohl irgendwie durch jetzt ...

Ich verschwinde zurück aufs Schiff, lege meinen Rucksack auf das Band der Röntgenkontrolle, erfahre, dass ich meinen Gürtel ruhig anlassen soll (und alle dann der Meinung sind, er wäre der Grund für die Piepserei beim Durchschreiten der Schleuse) und fahre hinauf auf Deck 10.

Unterwegs checke ich mal kurz die Speisekarten und entscheide, dass es heute ins Atlantik geht – und dort in den mediterranen Bereich.

Ich mache mich noch etwas frisch, wechsele vom T- zum Poloshirt und mache mich auf den Weg. Ich bekomme einen netten Platz mit viel Überblick angeboten (so mag ich das, da sieht man immer spannende Sachen), bestelle einen trockenen Sherry und ein Glas Roséwein und beginne mit dem Studium der Speisekarte.

Und das ist heute gar nicht so leicht ... und so komme ich zu einer etwas merkwürdigen Bestellung: ich beginne mit drei Vorspeisen (Carpaccio vom Rinderfilet mit Trüffel und Parmesan, Lauwarmer Ziegenkäse mit Balsamico-Feigen, Gegrillte Sardinen auf weißem Birnenconfig), einem gemischten Blattsalat mit gegrillten Riesengarnelen, einer Portion Penne Arrabiata und zum Abschluss einem Amalfiorangen-Crème-brulée.

Und das ist ja gerade das Schöne hier, dass man alle Speisen sowohl in der Reihenfolge als auch in Häufigkeit und Anzahl frei aus der Karte wählen kann. Und irgendwas schmeckt einem ja immer – selbst wenn – wie heute - mal kein passender Hauptgang dabei ist.

Inzwischen sind am Nebentisch übrigens zwei Familien eingelaufen. Beide haben Jungs im Alter von schätzungsweise 8-10 Jahren dabei. Und die wollen nebeneinander sitzen. Was ja nachzuvollziehen ist. Dürfen sie aber nicht, sagt Mama. Denn: "Dann redet Ihr die ganze Zeit wieder miteinander. Und das stört." Da wären jetzt mal die Erziehungsratgeber aus dem Tenderboot gefragt. Es geht aber noch weiter: als der eine seine Mutter etwas fragt, sagt sie ihm doch glatt, dass er jetzt einfach mal für eine Stunde still sein soll – sie könne sich sonst nicht in Ruhe unterhalten ...

Und da haben wir es wieder: für jeden Mist wird bei uns eine Bescheinigung, eine Prüfung, ein Zeugnis oder was weiß ich verlangt. Selbst wenn einer nur einen Fisch aus einem See angeln will, braucht es eine Prüfung und eine Bescheinigung. Aber Kinder machen – das darf jeder ...

Zum Glück wird das Thema durch die Auslaufmusik unterbrochen. Die höre ich heute zum ersten

Mal (ob es die in Malta und in Dubrovnik nicht gab oder ob ich das irgendwie verpasst habe, weiß ich gar nicht) – und stelle fest, dass das zwar zwei schöne Lieder sind (Santiano mit "Santiano" und dann "Große Freiheit" von Unheilig), ein Gänsehautfeeling wie bei "Orinoco Flow" von Enya bei AIDA erzeugt das aber – zumindest bei mir - nicht wirklich.

Ich nehme noch eine Espresso und wechsele danach in die Außenalsterbar (so ein bisschen frische Luft schadet ja nun nicht nach dem üppigen Mahl), wo ich auf dem Blauen Balkon erst einmal einen Ramazotti zur Verdauung trinke. Von hier aus mache ich mich dann auf den Weg ins Theater – um 20.30 Uhr wird hier "Lachen machen" angeboten – eine Sketchshow mit vielen Klassikern ("Das Bild hängt schief", "Mein Name ist Erwin Lindemann ..." usw.). Nett gemacht, aber kein echtes Highlight. Sowas habe ich schon mal besser gesehen ...

Von daher hole ich mir in der Schaubar ein alkfreies Weizen und bereite mich auf das heutige Fußballspiel vor, das ich wieder im Theater gucken werde. Bin mal gespannt, wer da heute zum Vizeweltmeister wird ... ;-) Ich tippe ja auf die Niederländer (obwohl mir die Argentinier lieber wären).

Naja, schau'n mer mal – in zwei Stunden werden wir es wissen.

OK, es wurden fast drei Stunden – aber wenn die auch nicht fertig werden auf dem Rasen ... man hat da schon von Mannschaften gehört, die solche wichtigen Spiele innerhalb weniger Minuten final entschieden haben sollen ... ;-) Am Sonntag gilt es dann also (da findet das Public Viewing dann wieder in heimischen Gefilden statt) – mal sehen wie unsere Jungs mit den Argentiniern so klar kommen ...

Ich mache mich jetzt jedenfalls mal auf den Weg ins Bett ... und bin eigentlich froh, dass ich morgen keinen Ausflug gebucht habe. Das Wetter verspricht morgen mal wieder durchgängigen Sonnenschein und knapp 30°C – da gibt's dann mal wieder einen echten Urlaubstag ... ;-)

Donnerstag, den 10. Juli 2014

Brindisi (Italien)

Heute gibt es gleich zwei Premieren: die Mein Schiff 3 legt zum ersten Mal in Brindisi an – und ich bin auch zum ersten Mal da (AIDA steuert auf dieser Route immer Bari an – das liegt aber nicht wirklich weit weg).

Doch von vorn: um kurz vor sechs ist heute Sonnenaufgang. Und damit auch meine "Wachwerdzeit". Wie immer mache ich erst einen Abstecher auf die Toilette und einen auf den Balkon. Schöne Sonnenaufgänge (so wie der heutige) werden dann fotografisch festgehalten – und dann geht es wieder ins Bett.

Denn der Tag heute in Brindisi bietet prinzipiell drei Optionen für mich: zum einen könnte ich einen Ausflug machen und mir die Höhlen von Materna ansehen, zum anderen die Trulli-Häuser besichtigen oder alternativ einen halben Tag am Strand verbringen. Nun, die Höhlen habe ich mir damals mit AIDA schon angeguckt, die Trulli-Häuser sind zwar reizvoll, kommen aber gegen Plan B nicht an und für den Strand ist es mir etwas zu bewölkt. Und von daher kommt die vierte Option (Plan B) zum Tragen: ich mache einen Schiffstag ☺

Und das bedeutet in erster Linie mal Erholung – und von daher reicht es völlig aus, wenn ich gegen 8.00 Uhr aufstehe. Da fängt es nämlich an, etwas lauter zu werden. Wir liegen hier nämlich nicht in der Stadt sondern in einem ziemlich hässlichen Industriehafen. Und der gibt halt die Geräusche von sich, die Industriehäfen mit ihren Lastkränen so von sich geben (im wesentlichen ein ständiges Piepsen und Hupen).

Ich stehe also auf, ziehe meine Badehose an und mache mich mit meinem Poolhandtuch auf den Weg zum Sportpool. Der ist heute erstaunlicherweise fast leer, so dass die 40 Bahnen in einer knappen halben Stunde geschwommen sind – aber wir wollen es ja auch nicht übertreiben an diesem Schiffstag.

Ich wasche mir noch das Salz unter der Dusche ab (ist natürlich übertrieben, der Pool ist ja nicht das Tote Meer), mache mich aber dennoch etwas frisch und gehe dann auf direktem Weg in das fast leere Atlantik Restaurant zu meinem A-la-carte-Frühstück.

Warum das so wenige Leute nutzen, ist mir ehrlich gesagt gar nicht so klar. OK, die Auswahl am Buffetwagen ist natürlich geringer als am Buffet im Anckelmannsplatz, aber dafür genieße ich den Luxus der Bedienung am Platz, trinke einen Cappuccino, der nicht aus dem Automaten kommt und kann in Ruhe meine Zeitung lesen ohne zwischendurch ans Buffet zu müssen, nur weil ein Brötchen fehlt. Hat aber natürlich auch einen Vorteil: die Servicekräfte haben mehr Zeit für mich und meine Wünsche ... ☺

Wie immer esse ich eigentlich zu viel (ich gebe zu, das habe ich hier irgendwie nicht so richtig im Griff – ich hoffe, dass das nächste Woche auf der Cara wieder besser wird), so dass ich mich gut gesättigt erst einmal auf dem Nicht-FKK-Sauna-Außenbereich in die Sonne lege und ein bisschen was lese. Die Sonne verschwindet zwischendurch immer mal wieder hinter vorwitzigen Wolken, aber tendenziell ist es dennoch ein schöner Tag mit rund 28°C.

Hier ist es heute – wie auf dem ganzen Schiff – relativ leer; aber auch das ist ja Bestandteil der Schiffstage im Hafen, dass man das ganze Schiff mehr oder weniger für sich hat – zumindest bis die ersten Ausflügler wieder zurückkommen.

Ach ja, eine fünfte Alternative habe ich ja ganz unterschlagen – ich hätte auch mit einem Shuttlebus in die Stadt fahren können. Dieser wird heute ganztägig angeboten und kostet pro Person 7 € bzw. für Kinder bis 14 Jahre 5 € (dafür kann der Bus allerdings so oft genutzt werden wie man mag). Da ich vorher aber schon mal recherchiert hat, was Brindisi so zu bieten hat, bin ich zu der Überzeugung gekommen, dass das Angebot auf dem Schiff größer ist.

So gibt es in der Backstube ja die leckeren Paninis, von denen ich mir heute mal wieder eins zum Mittagessen machen lasse. Schinken, Käse, Tomaten und Mozzarella verschmelzen dabei zu einem Geschmackserlebnis der besonderen Art. OK, ist übertrieben – aber schmecken tut es. Und genug ist es auch ...

Inzwischen hat auch kurzfristig der Wolkenanteil zugenommen, so dass ich erst einmal in meine Kabine zurückkehre, um mich mal ein bisschen mit der Abarbeitung meiner To-Do-Liste zu befassen. Da steht eh schon einiges drauf und anderes kommt fortlaufend per Mail rein – von daher sind so zwei, drei Stunden am Rechner ganz hilfreich, um den Arbeitsanfall zu Hause in Grenzen zu halten. Denn so richtig viel Zeit habe ich da ja auch nicht bevor es dann schon auf die nächste Kreuzfahrt mit der AIDAcara geht.

Was ich übrigens noch erzählen wollte .. als ich in meine Kabine gekommen bin, habe ich ein Schreiben auf dem Bett gefunden, in dem sich das "Mein Schiff Team" bei mir bedankt, dass ich mich "erneut für eines der Wohlfühlschiffe entschieden habe". Guck mal einer an – auch wenn es hier (noch) kein Vielfahrerprogramm gibt, hat man zumindest registriert, dass ich schon mal da war. Und schenkt mir dafür den "exklusiven Mein Schiff Pin des Jahres 2014", der ausschließlich für Wiederholer konzipiert wurde. Nette Geste ...

Danach geht es dann wieder in die Sauna und die Sonne – nur arbeiten ist ja auch nicht gut im Urlaub. Und hier kann ich mich dann wieder in Ruhe meinem Buch widmen, wobei ich leider die beiden Aufgüsse verpasse. Vielleicht wäre es eine gute Idee, im Saunabereich noch eine Uhr an die Wand zu dübeln – dann könnte man sich ein bisschen darauf einstellen.

Da fällt mir übrigens noch was ein (wenn ich an dübeln denke) ... überall im Saunabereich sind Haken für die Bademäntel in die Wand gedübelt – aber leider sind die nicht mit Nummern versehen. Und das hat zur Folge, dass mancher Bademantel unfreiwillig vertauscht wird. Was ja nicht so schlimm wäre (außer es lässt mir jemand einen in Größe S da) – aber blöderweise haben die meisten ja auch ihre Bordkarte in der Tasche ... und das ist dann schon ärgerlicher, wenn man dann erst mal nicht mehr in seine Kabine kommt.

Ich habe daher auf früheren Reisen immer einen farbigen Gürtel in den Bademantel gezogen (womit dann jeder gemeint hat, ich hätte im Judo (nur) den Gelbgurt), das System dann aber mit einer grünen Wäscheklammer ersetzt (mit der ich heute den Aufhänger des Mantels zusammendrücke). Wenn den also einer vom Haken nehmen will, muss er erst die Klammer abmachen – und spätestens dann müsste einem normal intelligenten Menschen ja eigentlich auffallen, dass es der falsche Bademantel ist.

Warum ich das schreibe? Drei Mal dürft Ihr raten ... Zum Glück bin ich gerade unter der Dusche gewesen und habe den Vorgang beobachtet – und unterbunden. Und was sagt der Typ dazu? Seine Frau habe ihm den Mantel aufgehängt – daher habe er das nicht gewusst. Aber grüne Wäscheklammern hätte er zu Hause auch schon mal gesehen. Na dann – grüne Wäscheklammern sind ja auch eine echte Seltenheit ... die hat bestimmt keiner außer Mutti ...

Aber nicht dass Ihr jetzt alle auf der nächsten Reise grüne Wäscheklammern dabei habt – dann klappt das auch nicht mehr ... ;-)

Doch zurück zum Schiffstag ... der ist jetzt auch bald vorbei – es ist nämlich Zeit fürs Abendessen. Heute habe ich irgendwie keine Lust auf langwieriges Essen – ich gehe daher gegen 19.30 Uhr in den Anckelmannsplatz und lasse mir am Wok wieder mal ein bisschen Rind mit Sambal Olek anbraten und mit gebratenem Reis servieren. Das ist wirklich immer wieder lecker hier.

Plätze finden sich hier übrigens genug – keine Spur von Gedränge oder besetzten Tischen. Hier ist alles ganz entspannt – obwohl 19.30 Uhr für das Abendessen sicher die Prime Time ist. Und gerade das erlebe ich bei AIDA in letzter Zeit immer wieder mal anders. Ab 17.45 Uhr stehen die Schlangen vorm Restaurant, um kurz nach 18.00 Uhr sind die Tische besetzt und am Buffet gibt es – nicht immer, aber immer wieder mal – kein Durchkommen. Da macht sich hier die großzügigere Gestaltung schon bemerkbar. Und auch Premium Alles Inklusive spielt da sicherlich eine Rolle – gehen die meisten doch nach dem Essen an die Bar, um dort gemütlich etwas zu trinken (jetzt ernte ich wahrscheinlich wieder Proteste, dass die vielen Sitzenbleiber bei AIDA das nicht wegen des kostenlosen Tischweins machen sondern weil es "halt gerade so gemütlich ist". Hier macht das keiner – die Gäste hier finden es alle an den Bars gemütlicher ...

Ich lasse mir zum Abschluss noch zwei Kugeln Eis in einen Becher geben und gehe damit auf den Blauen Balkon ... das ist für mich einer der schönsten Plätze geworden, um allabendlich mein Eis zu essen – und dabei den Blick in die Ferne schweifen zu lassen.

Danach gibt es dann noch einen Ramazotti an der Außenalsterbar bevor ich mit einem alkoholfreien Weizenbier zunächst mal auf meine Veranda gehe. Hier wartet jetzt noch ein bisschen Schreibtätigkeit auf mich bevor ich heute mal etwas früher ins Bett gehe.

Zumal die nächste Nacht eine Stunde kürzer ist: auf meinem Bett lag nach dem Abendservice nämlich eine Karte, die auf die Zeitumstellung hinweist. Ob ich das allerdings so befolge weiß ich noch nicht genau – heißt es doch: "Bitte stellen Sie heute Nacht Ihre Uhr um eine Stunde vor!" direkt neben der Abbildung einer Uhr, bei der ein Pfeil von 2

Uhr nach 3 Uhr zeigt. Vermutlich mache ich das wie immer – vorm Schlafengehen ;-)

Ach ja, und noch etwas liegt auf meinem Bett: ein Wäschebeutel und eine Information, dass ich diesen bis morgen um 14.00 Uhr füllen darf und in meiner Kabine bereitstellen soll – dann würde ich die Wäsche noch vor (!) der Heimreise gewaschen und gebügelt zurückbekommen. Der Service wird für 19,90 € angeboten – die Menge ist nur durch die Größe des Beutels (und nicht wie bei AIDA auf acht Wäscheteile) begrenzt. Das heißt konkret, dass ich hier die Hosen, T-Shirts und Hemden auch noch mit Socken und Boxershorts anreichen kann (die nehmen ja nicht viel Platz weg), und ich somit zu Hause eigentlich alles direkt wieder in den Schrank legen kann.

Da muss ich echt mal drüber nachdenken, ob das nicht gut investierte 20 € sind – zumal ich ja zu Hause eh nur einen Tag Zeit habe, bis mein Koffer für die nächste Kreuzfahrt von TEFRA abgeholt wird (das teste ich nämlich mal, bevor ich mit zwei Koffern und einem Rucksack mit der Bahn quer durch Deutschland fahre). Ich checke morgen mal meinen Wäschebeutel ...

Das Theaterstück im Klanghaus um 22.30 Uhr wollte ich mir zwar ansehen, habe jetzt aber doch irgendwie keinen Zug mehr, mich nochmal anzuziehen und bis nach vorn zu laufen ... da lese ich lieber noch etwas bevor ich mich dann der kurzen Nacht hingebe – wohlwissend, dass hier das Wetter deutlich besser ist als zu Hause ... hier kommen die Warnmails und –SMS des Deutschen Wetterdienstes aktuell nämlich im Minutentakt an ...

Freitag, den 11. Juli 2014

Korfu (Griechenland)

Und in der Tat – es ist eine ruhige Nacht gewesen. Aufgewacht bin ich gegen 7.00 Uhr, vermutlich direkt nach dem Anlegen auf Korfu. Hinter den Bergen lacht schon die Sonne – es scheint also in der Tat ein schöner Tag zu werden.

Und auch den verbringe ich heute an Bord – schließlich sind mir die wesentlichen Sehenswürdigkeiten bereits von früheren Reisen bekannt und die Altstadt von Korfu ist zwar nett, aber nicht unbedingt so lohnend, dass ich da noch einmal hinfahren müsste (obwohl auch heute wieder Shuttlebusse für 7,00 € unterwegs sind).

Ich mache stattdessen lieber den Fernseher an, schalte auf die "Pool-Webcam" und stelle fest, dass aktuell nur fünf Personen im Pool ihre Bahnen ziehen. Von daher springe ich in meine Badehose, schnappe mir das Poolhandtuch und mache mich auf den Weg zwei Decks nach oben.

Einer ist inzwischen noch dazugekommen – aber auch sechs Personen sollten im Pool ja kein wirkliches Problem darstellen. Also kurz unter die Dusche (Mann, ist die heiß – da ist ja der Pool gleich umso kälter) und ab in die kühlen Fluten (ich hab's geahnt, das Wasser ist wirklich frisch).

Aber da hilft ja bekanntlich Bewegung – und so mache ich mich auf den Weg, um meine geplanten vierzig Bahnen zu absolvieren. Und das würde auch problemlos klappen, wenn das Ganze nicht immer so ein Hindernisschwimmen wäre ... Denn: zwei der Damen machen so etwas wie Aqua-Jogging (naja, eigentlich mehr so Aqua-Walking). Zumindest bewegen sie sich laufend im Wasser von der einen Seite zur anderen. Für was das genau gut sein soll, erschließt sich mir im Moment nicht – aber vielleicht kann man damit ja tatsächlich etwas reparieren.

Ich schwimme also meine obligatorischen 1,1 km bevor ich erneut zu einem kurzen Entspannungsbad in den Whirlpool springe. Dieser hat auch heute die zu erwartende Temperatur – also alles gut.

Und wie ich da so im Pool sitze und meinen Blick über das Schiff schweifen lasse, fällt mir zum ersten mal so richtig auf, dass hier eine ziemlich lückenlose Videoüberwachung stattfindet. Wer schon mal in London war, weiß jetzt, was ich meine. An jeder Ecke (und auch zwischendrin) hängt eine Überwachungskamera. Ich schaue mich behutsam um und zähle allein auf dem Pooldeck 15 Kameras, die ich von meiner Position aus sehen kann ... da fragt man sich unweigerlich, ob da jetzt wirklich einer unablässig hunderte von Kamerabildern anschaut oder ob die nur aufgezeichnet werden, um hinterher (also dann, wenn was passiert ist) zu schauen, was wer denn nun genau gemacht hat ...?

Aber das war auf der Oasis of the Seas ja damals auch nicht anders ... auf dem ganzen Schiff waren, wenn ich mich richtig erinnere, über 2.000 Kameras verteilt – keine schlechte Quote bei rund 5.400 Passagieren ;-)

Wie dem auch sei – ist ja auch nicht kriegsentscheidend. Fällt halt nur auf. Und noch etwas fällt mir auf: nämlich dass ich so langsam aber sicher Hunger habe. Und das ist ja auch kein Wunder – außer Schwimmen ist ja heute auch noch nix passiert, was Einfluss auf die Kalorienverbrennung hat.

Ich gehe also zurück in meine Kabine, tausche das nasse Beinkleid gegen die trockene Variante und gehe in Richtung Atlantik-Restaurant. Dort werde ich schon erwartet – zumindest drückt man bei meiner Ankunft sein Bedauern aus, dass "mein" Tisch leider bereits belegt sei. Man hätte aber eine

Alternative – und auch der Tisch ist OK ... zumal er auch im Bereich "meiner" Kellnerin liegt, die ja nun schon weiß, wie mein Frühstück geht.

Und so kommt sowohl der Cappu unaufgefordert als auch der Meerrettich vom Buffet zu meinem Lachs. Zum georderten Omelette wird mir – da die Küche wohl zeitnah schließt – gleich noch ein Minutensteak offeriert (was ich nicht ablehne) und auch der Obstteller zum Abschluss kommt – nach kurzer Sicherheitsfrage – mehr oder weniger automatisch. Einfach nur genial ...

Das ist dann auch der geeignete Zeitpunkt, um mal ein bisschen über das Thema "Service" nachzudenken. TUI schmückt ja seine Schiffe mit dem ergänzenden Namen "Wohlfühlschiff". Und schreibt im Gästefragebogen, den ich heute Abend auf meiner Kabine finden werde: "Service wird bei uns großgeschrieben, somit möchten wir immer ein wenig mehr bieten, als Sie erwarten."

Ja, und da wären wir dann bei genau dem Problem – wie ist meine Erwartungshaltung und wie die Realität? Sagen wir mal so: die Erwartungshaltung ist schon relativ hoch. Eine Kreuzfahrt mit Mein Schiff ist jetzt nicht unbedingt ein Schnäppchen und damit verbunden habe ich schon ganz bestimmte Vorstellungen, wie ich den Service um mich herum erwarte. Und die wurden bislang auf der Mein Schiff 3 alle zumindest erfüllt, teilweise sogar übertroffen.

Insbesondere habe ich für diesen vergleichenden Bericht natürlich ganz genau geschaut und mich auch immer wieder gefragt, ob man irgendetwas verbessern könnte und wenn ja, was. Und zugegeben: in Bezug auf den Service ist mir nichts eingefallen. Der ist top.

Und das fällt umso mehr auf, als durch Premium Alles Inklusive viele der erbrachten Serviceleistungen ja nicht in direktem Zusammenhang mit Einnahmen stehen – jeder ausgelieferte Cocktail macht sich zunächst ja mal nur auf der Kostenseite bemerkbar. Und trotzdem habe ich hier niemals den Eindruck gehabt, als ob man den Versuch unternimmt, den Konsum gering zu halten. Im Gegenteil: hier laufen Kellner über das Pooldeck und bieten untertags Getränke an. Hier wird Schnaps standardmäßig mit 0,04 cl ausgeschenkt. Und auch für die Softdrinks stehen in den Restaurants Gläser mit 0,3 l zur Verfügung (so dass man nicht, wie beim Mitbewerber, immer auf die Biergläser zurückgreifen muss, wenn man nicht ständig zum Nachfüllen laufen will).

Und gleiches fällt auch in den Buffetrestaurants auf – gefühlt ist hier das Verhältnis Kellner zu Gast besser als bei AIDA. Leere Teller haben hier wenig Chancen, lange stehen zu bleiben. Meine waren jedenfalls immer weg, wenn ich mit dem nächsten Gang an meinen Platz zurückgekommen bin – bei AIDA stapelt sich das Geschirr heute auch gern mal die eine oder andere Buffetrunde lang (und das war früher nicht so).

Von daher kann ich nur sagen: Setzen, 1. Der Service ist top, die Bezeichnung "Wohlfühlschiff" kann ich so nur bestätigen.

Dazu trägt aber in der Tat auch das Premium Alles Inklusive bei. Auch wenn nicht alles inklusiv ist, so ist es doch das meiste – mir ist es (vom frisch gepressten O-Saft mal abgesehen) bis jetzt nicht gelungen, ein kostenpflichtiges Getränk zu trinken. Klar wäre das möglich gewesen und ich hätte das auch gemacht, wenn das, was ich hätte trinken wollen, einen Aufpreis gekostet hätte – hat es aber nicht. Und dabei gingen meine Wünsche schon quer durch die Karte in den Restaurants und an den Bars: trockener Sherry, Ramazotti, Cappuccino, Latte Macchiato, verschiedene Cocktails mit und ohne Alkohol, Tonic Water, Bitter Lemon, Ginger Ale, Cola, Fanta, alkoholfrcies Hefeweizen,

Orangensaft, Apfelsaftschorle, Becks Green Lemon – um nur einige zu nennen.

Und damit ist hier irgendwie alles entspannter. Ich brauche nicht ständig meine Bordkarte heraus zu fummeln (also eigentlich ja nie), der Abrechnungsvorgang an der Kasse und das Unterschreiben des Belegs entfällt, ich brauche keine Getränkegutscheine aus vorab gekauften Getränkepaketen (die ich dann, wenn ich sie bräuchte, meistens eh auf der Kabine vergessen habe). Ich brauche einfach nur trinken – was, wann und wo ich will. Und das gefällt mir. Und zwar richtig gut.

Im Übrigen habe ich bislang noch niemanden gesehen, der mit dem System nicht klar gekommen ist – also mehr getrunken hat, als sein Körper verkraftet hätte. Von daher scheint also zumindest das latente Problem in der Praxis kein wirkliches zu sein …

Doch jetzt zurück zu meinem Tag. Ich gehe nach dem Frühstück ein bisschen an die frische Luft und setze mich an die Sitzgarnitur, die über der Bühne auf dem Pooldeck steht (ist ein schöner Platz). An der Überschaubar habe ich mir vorher einen Dolce Vita geholt, so dass ich jetzt im Sonnenschein mit einem Cocktail und Blick auf den Pool in Ruhe meine PDF-Zeitung lesen kann. Ja, so stelle ich mir Urlaub vor!

Von hier hat man übrigens auch einen tollen Blick über das Pooldeck und das Sonnendeck. Also da, wo die meisten Liegen stehen. Und auch das beobachte ich schon die ganze Woche – Liegenreservierer sind hier offensichtlich nicht das Hauptproblem. Natürlich gibt es die (viele sind ja auch schon AIDA gefahren und haben sich da ja sicherlich angepasst) – aber in erheblich geringerer Anzahl. Und es gibt offensichtlich mehr Liegen – zumindest hätte ich bislang eigentlich zu jeder Tageszeit immer mehrere freie Liegen (teils im Schatten, teils in der Sonne) finden können. Ich habe keine Ahnung, warum das hier klappt und auf AIDA nicht – aber hier gefällt's mir ☺

Ach ja, vielleicht liegt es auch einfach daran, dass die Mein Schiff 3 in etwa so viele Passagiere aufnehmen kann, wie die Sphinx-Klasse von AIDA – das Schiff aber rund 50 m langer und 5 m breiter ist? Und das macht sich natürlich bemerkbar im Verhältnis Passagier zu freiem Raum – und zwar deutlich! Gefühlt habe ich hier immer irgendwo Platz für mich – bei AIDA ist da dann meistens schon einer ;-)

Doch zurück zu meinem "Schiffstag". Ich mache mich – mit einem Abstecher über meine Kabine – auf den Weg in den Saunabereich; hier ist zunächst mal schwitzen angesagt und dann ein bisschen Sonnen im Nicht-FKK-Sauna-Außenbereich.

Allerdings geht das jetzt gleich ein bisschen schief ... Ich entscheide mich zunächst mal für die Biosauna – da sind die Temperaturen niedriger und man kann ein bisschen länger liegen bleiben. Ich breite also mein Handtuch aus und lege mich erst mal so zehn Minuten zum Anschwitzen hin. Danach setze ich mich und stelle fest, dass inzwischen ein Schiff von MSC direkt neben uns festgemacht hat – lediglich durch die Pier getrennt. Und das ist auch ein Riesenklotz – vermutlich sogar noch mal eine Nummer größer als wir.

Doch ich schweife ab ... ich stelle mich ans Fenster (das ist ja das schöne an den Saunen bei AIDA und auch hier, dass man aus der Sauna heraus einen tollen Blick nach draußen hat) und begutachte das MSC-Schiff. Wobei mich irgendwie das Gefühl beschleicht, beobachtet zu werden. Erst kann ich das gar nicht so richtig einordnen, doch dann wird es deutlicher. Vereinzelt stelle ich fest, dass von der MSC mit dem Finger auf unser Schiff gedeutet wird oder dass der eine oder andere sein Smartphone in die Fotografierposition bringt. Und dann fängt da auch noch ein kleines Mädchen an zu winken ...

Und spätestens da fällt es mir wie Schuppen von den Augen – die winkt mir! Das ist jetzt ja wohl nicht wahr – hat TUI etwa die Saunascheiben nicht von außen verspiegeln lassen? Ich glaub's ja nicht. Normalerweise ist es ja so, dass auf den kleinen AIDA-Schiffen, bei denen die Saunascheiben aufs Sonnendeck gehen, unwissende Passagiere allerlei merkwürdige Dinge vor der verspiegelten Scheibe tun (die sie nie täten, wenn sie wüssten, dass dahinter 20 Leute zuschauen) – aber hier ist es jetzt wohl so, dass der Unwissende auf der anderen Seite der Scheibe steht.

Ich suche noch nach der versteckten Kamera und hoffe, dass Guido Cantz irgendwo auftaucht – tut er aber nicht. Vermutlich sind dafür die ersten Pics schon auf Facebook hochgeladen ... ☹

Von daher verlasse ich zackig die Sauna und sehe zu, dass ich mit meinem Buch in die Sonne komme. Da habe ich zwar auch nicht wirklich viel an – ich liege da aber auch nicht so auf dem Präsentierteller wie vor der Saunascheibe auf Deck 11.

Im Übrigen habe ich heute zum Thema "Nicht-FKK-Sauna-Außenbereich" mal ein Gespräch mit einer Mitarbeiterin geführt. Und auch, wenn ich sie nicht namentlich erwähnen darf, kann ich zumindest berichten, dass dies der maltesischen Gesetzeslage geschuldet ist – die lässt nämlich FKK nicht zu. Und genau wie das der Grund ist, warum auf der Mein Schiff 1 der FKK-Bereich zum normalen Sonnendeck umgewidmet wurde, hat man hier auf einen FKK-Bereich verzichten müssen.

Und von daher weisen die Schilder hier auch darauf hin, dass es sich – trotz der Nutzungsbeschränkung auf Saunagäste – um keinen FKK-Bereich handelt. Soviel zur Theorie, in der Praxis wird der Bereich recht gemischt genutzt – und das wird auch so toleriert. Zumindest so lange sich niemand beschwert ... aber es ist ja auch nicht wirklich zu erwarten, dass sich jemand in einem Saunabereich beschwert, dass jemand unbekleidet ist ... ☺

Jetzt wäre nur noch mal zu klären, wie die maltesische Gesetzgebung zum Thema "Nicht-verspiegelte Saunascheiben" aussieht ... ;-) Aber vielleicht bessert TUI da ja auch so nach – die Situation, dass die Mein Schiff 3 neben anderen Kreuzfahrtschiffen liegt, wird ja immer wieder mal auftreten. Und als Erstmaßnahme würde evtl. auch ein

Schild in den Saunen helfen: "Achtung – durchsichtige Scheiben!" Dann würde man sich zumindest nicht mehr so bescheuert direkt dahinter stellen ...

Und da Korfu unser letzter Hafen auf dieser Reise ist, entscheide ich mich übrigens spontan, das Schiff zu verlassen und das eine oder andere Foto vom Schiff zu machen. Dafür muss ich zwar um den ganzen Hafen laufen, da ja direkt neben uns das MSC-Schiff liegt – aber dafür gibt es dann wenigstens mal ein Komplettbild vom Schiff.

Gesagt, getan. Ich schnappe meinen Fotoapparat und mache mich auf den Weg. Natürlich nicht, ohne mal von unten zu schauen, ob man die Sauna erkennen kann. Und wie befürchtet – man kann. Und zwar noch viel besser als ich das erwartet habe – da hätte ich mich eigentlich auch direkt auf die Pier stellen können ...

Aber egal – ist jetzt ja eh nicht mehr zu ändern. Also mache ich mich auf den Weg um den Hafen herum. Natürlich muss ich dazu das Gelände zunächst verlassen – aber da Griechenland ja in der EU ist, sind Aus- und Einreise natürlich problemlos (oder anders ausgedrückt: eigentlich ist es ja noch nicht einmal eine Aus- und Einreise) – und daher gibt es da auch niemand, der irgendwelche Ausweise sehen will.

Ich mache also meine Bilder und schlendere dann wieder gemütlich zurück an Bord. Beim Röntgen meiner Sachen ist der Gürtel natürlich wieder nicht dabei – und wieder entfällt die Durchsuchung, da ich nach dem Piepsen nur kurz auf den Gürtel zeige. Dann wollen wir mal hoffen, dass sich niemand diese Lücke zu nutze macht ...

Das Mittagessen lasse ich heute ausfallen (bzw. habe ich ja vorhin schon ausfallen lassen) – ich gehe stattdessen auf meine Kabine und arbeite das eine oder andere Thema auf meiner To-Do-Liste ab. Dazu werfe ich mal die kabineneigene Nespressomaschine an und trinke gemütlich einen Espresso auf der Veranda – auch daran könnte ich mich gewöhnen (wobei der Kabinenservice auf der Oasis natürlich noch mal eine Stufe höher anzusiedeln ist).

Zwischendurch werfe ich im Fernseher mal einen Blick auf die Speisekarten im Atlantik – aber so richtig ist das heute nicht meins, so dass ich mich erneut für ein Abendessen im Anckelmannsplatz entscheide.

Freie Plätze finde ich genügend und auch die Speisenauswahl kommt mir heute entgegen. So beginne ich nämlich mit ein paar fischigen Vorspeisen und einem Salat vom Buffet während als Zwischengang heute mal das Kinderbuffet dran glauben muss – dort gibt es nämlich einen Hamburgerbausatz.

Das ist übrigens eine tolle Sache mit dem Kinderbuffet. Das ist höhenmäßig an diejenigen angepasst, die es benutzen sollen (nämlich "Kleine Seeräuber") und bietet im wesentlichen das, was diese Altersgruppe gern nachfragt (Burger, Pommes, Schnitzel, Chicken Nuggets, Fischstäbchen, ...) Aber: sind wir manchmal nicht alle kleine Seeräuber? Zumindest glaube ich das, wenn ich sehe, wer sich da so alles bedient ... ;-)

Interessant ist übrigens eine Begebenheit am Käsebuffet. Dort ist heute relativ viel Ziegenkäse aufgebaut (muss ich nachher noch testen). Ein Mann fortgeschrittenen Alters, nennen wir ihn der Einfachheit halber Egon, will sich gerade etwas nehmen, als seine Gattin, gleiches Alter, hinter ihm erscheint und ihn darauf hinweist, dass er das sein lassen soll mit dem Käse – "der schmeckt Dir nicht."

Egon hat heute seinen mutigen Tag und widerspricht: "Das weiß ich nicht – ich habe den ja noch nie gegessen. Lass' mich den doch mal probieren." Daraufhin sie: "ICH weiß, dass Dir der nicht schmeckt – das reicht doch wohl. Also komm weg von dem Käse, da wollen noch andere Leute hin. Da drüben gibt es rote Grütze – das schmeckt Dir." Egon hat dann rote Grütze gegessen – und weiß immer noch nicht wie Ziegenkäse schmeckt ...

Nach dieser Vorführung lasse ich mir im Wok wieder mal ein bisschen Rind anbraten, verfeinere das mit etwas Gemüse und (zuviel) Sambal Olek – und freue mich jetzt schon auf morgen früh ... ;-)

Da helfen dann auch weder die zwei Bällchen Eis auf dem Blauen Balkon noch der Ramazotti, den ich an der Außenalsterbar hinterherschütte – aber gut ist's trotzdem ☺

Zurück auf meiner Kabine finde ich dann das, was ich eigentlich niemals finden möchte – die Abreiseinformationen. So richtig unbekannt ist das alles nicht – im Gegenteil: man könnte meinen, die wären von AIDA geschrieben worden.

Aber wie auch immer – ich kann meine Reisetasche bis Mitternacht vor die Tür stellen (die passenden Banderolen liegen auf meinem Bett) oder ich nehme sie selbst mit von Bord. Und da auch hier die Kabinen bis 9.00 Uhr geräumt werden müssen, mein Shuttle zum Flughafen aber schon um 8.30 Uhr fährt, brauche ich da ja eigentlich gar keine Verrenkungen zu machen sondern kann die Tasche dann nach dem Frühstück selbst mit rausnehmen. Mal schauen ...

Weiterhin weist mich TUI übrigens auch wieder darauf hin, dass heute Nacht um 3.00 Uhr die Uhren zurück auf 2.00 Uhr gestellt werden – aber auch das werde ich sicherlich bereits heute Abend in die Wege leiten.

Und von daher lege ich mich jetzt noch ein bisschen in meine Hängematte, lese noch etwas und beginne zu realisieren, dass diese Reise sehr bald zu Ende sein wird – und ich die Mein Schiff 4 dann erst im Sommer nächsten Jahres sehen werde. Aber: ich freu mich jetzt schon drauf!

Und damit wird es Zeit, die vorletzte Nacht der Reise einzuläuten ... ich lasse die Balkontür versuchsweise wieder offen – mal schauen, was sich da heute Nacht dann so alles tut. Aber das sehe ich dann ja morgen früh ...

Samstag, den 12. Juli 2014

Schiffstag – Auf dem Weg nach Malta

Es ist gerade mal halb sieben als ich aufwache – bzw. genau genommen halb sechs, da ich die Uhr meines iPhone noch nicht umgestellt habe. Die Sonne geht gerade am Horizont auf (und da wir von Ost nach West fahren, kann ich das direkt aus dem Bett verfolgen) – und sie hat schon eine unheimliche Kraft, denn sogar im Bett merke ich, wie mir warm wird.

Und da ich eigentlich nicht mehr so richtig müde bin, nutze ich die Lage meiner Kabine einfach mal schamlos aus und verlagere mich vom Bett in die Hängematte, um bei den ersten Sonnenstrahlen noch ein bisschen weiter zu dösen. Und das hat schon was ...

So gegen 7.00 Uhr habe ich erst mal genug Sonne getankt und wechsele erneut meine Position – dieses Mal aber nicht von der rechten auf die linke Seite sondern aus der Kabine in den Sportpool: das morgendliche Schwimmprogramm steht an. Aktuell bin ich sogar allein im Pool – Samstag scheint der Tag zu sein, an dem alle mal ausschlafen. Die

Sonne lugt auch hier inzwischen über die Reling, so dass ich meine Bahnen zunehmend im Sonnenschein ziehen kann.

Aber noch etwas merke ich – und zwar, dass wir fahren. Was mir weder auf der Kabine noch beim Laufen aufgefallen ist, macht sich hier deutlich bemerkbar – so ein Schiff bewegt sich selbst bei ruhiger See immer ein bisschen. Nicht genug, um es zu spüren, aber stark genug, um das Wasser im Pool in Bewegung zu versetzen. Und so kommt es, dass ich ständig gegen Wellen anschwimmen muss, wenn sich das Wasser im Pool von der einen auf die andere Seite bewegt. Das ist heute so ein bisschen wie schwimmen im Meer – und durch das salzige Wasser wird dieser Eindruck noch verstärkt. Und auch wenn ich heute nicht viel ausweichen muss und daher "nur" meinen Kilometer geschwommen bin, ist durch das Auf und Ab bzw. das Hin und Her sicherlich die eine oder andere Extrakalorie gepurzelt.

Schadet aber nichts – durch das gute und reichliche Essen hier an Bord ist das auch dringend nötig. Irgendwie klappt das mit dem Abnehmen (oder zumindest dem Nicht-Zunehmen) hier nicht so wie angedacht. Mal schauen, ob das nächste Woche auf der Cara dann besser wird ...

Hier geht es jedoch erst mal mit dem Standardprogramm weiter: noch eine halbe Stunde in den Whirlpool, dann ein Saft an der Überschaubar und nach dem Abstecher in die Kabine und ins Bad geht es dann heute noch mal in den Anckelmannsplatz zum Frühstück – das will ich ja zumindest noch einmal an einem Nicht-Wechseltag getestet haben.

Wie bei meinem ersten Besuch vor knapp einer Woche ist es hier zwar gut besucht, aber nicht randvoll – will heißen, dass es problemlos ist, einen freien Tisch zu finden. An welchem Automaten es den Cappu gibt, weiß ich inzwischen ja auch und so sitze ich erst einmal gemütlich an meinem Tisch und lasse das Treiben auf mich wirken. Und auch wenn hier viel los ist, liegt aufgrund des großzügigen Raumangebots doch eine gewissen Ruhe über allem – zumindest wirkt das ganze entspannter als zu den Stoßzeiten in den AIDA-Restaurants.

Ich beschließe, zu meinem Cappu auch noch etwas zu essen und gehe mal zur Omelette-Station (die ersetzt beim Frühstück den Wok). Hier stelle ich meine Wunschzutaten auf einem Teller zusammen, gebe diesen ab, erhalte einen Pager und kann mich dann zunächst mal anderen Dingen widmen. Das wäre dann beispielsweise der Lachs (mit Meerrettich) sowie Joghurt und Obst.

Und noch während ich den Lachs (zu dem ich mir aus der Backstube ein frisches Körnerbrötchen geholt habe) genieße, vibriert es in meiner Hose ... also eher gesagt in der Hosentasche – Zeit für mein Omelette. Das steht auch schon bereit und noch bevor ich dem Koch den Pager reichen kann, erkennt mich dieser wieder und reicht mir das richtige Omelette. Nicht schlecht ...

Eine knappe halbe Stunde später bin ich gut gesättigt und mache mich noch mal auf den Weg auf das Pooldeck. Hier checke ich jetzt erneut die Liegensituation – an einem so sonnigen Schiffstag gegen 9.30 Uhr wäre auf AIDA hier jetzt wohl keine freie Liege mehr zu bekommen. Und das, was ich schon mal festgestellt habe, trifft auch heute zu: viele der Liegen sind besetzt, auf einigen bewacht ein blaues Handtuch in Verbindung mit Sonnenbrille oder Roman die Liege – aber rund ein Drittel der Liegen sind über das Schiff verteilt sicherlich noch unbelegt. Von daher gibt es nun mal auch keinen Grund, schon vor dem Frühstück die Frotteeware auf den Liegen zu verteilen – und vermutlich machen es deshalb auch nur relativ wenige ...

Mir selbst ist das jedoch egal – steht "meine" Liege doch schon auf "meiner" Veranda in der Sonne – und die musste ich gar nicht reservieren. Und so gehe ich zunächst noch mal ein Stündchen mit meinem Buch auf die Veranda, wobei ich feststelle, dass ich zwischenzeitlich sowohl Schatten- als auch Sonnenplätze zur Auswahl habe ... wobei der sonnige Bereich sicherlich im Laufe des Tages immer kleiner werden und am Nachmittag ganz verschwunden sein wird. Aber solange wir unseren Kurs beibehalten, muss ich wohl damit leben, dass die Sonne im Osten auf- und im Westen wieder untergeht ...

Bis dahin widme ich mich an meinem letzten Urlaubstag aber noch mal ein bisschen der Literatur – das wird heute ein echter Lesetag. Und das ist schon echt genial, wenn man da so auf seiner Liege liegt und den freien Blick auf den weiten Ozean durch die Glasscheibe seines Balkons mit direktem Blick auf die Heckwelle genießt – ich bin mit meiner Kabinenwahl hier echt zufrieden.

Und so unterbreche ich meinen Lesefluss auch nur für einen Snack zum Mittagessen – ein frisch belegtes Sandwich aus der Backstube und ein kleiner Cheeseburger vom Grill an der Außenalsterbar, das muss reichen. Auf dem Rückweg in meine Kabine nehme ich noch ein schönes Hefeweizen mit und mache es mir damit wieder auf dem Balkon, jetzt aber im Schatten, gemütlich.

Meine kurze Abwesenheit hat auch gleich der Kabinensteward genutzt, um mal schnell durchzufegen und das Bett aufzuschütteln – das klappt hier echt gut mit den Schildern an der Tür ...

Und so verbringe ich auch den Rest des Tages unter wolkenlosem Himmel, wenn jetzt auch naturbedingt eher im Schatten, da die Sonne auf ihrem Weg nach Westen jetzt eher die Bewohner der weiter vorne liegenden Kabinen erfreut. Aber das macht nichts – irgendwann verbrennt sonst auch mir der Pelz – und der ist ja durchaus schon einiges gewöhnt.

Zum Abendessen wollte ich eigentlich ins Atlantik gehen, aber irgendwie ist mir auch heute wieder nicht nach langem Restaurantaufenthalt und so gehe ich noch mal in den Anckelmannsplatz – außerdem will ich mal checken, ob es hier am letzten Abend auch so etwas wie ein Farewell Dinner gibt.

Und die Frage ist schnell beantwortet – gibt es nicht. Die Speisenauswahl ist so wie an allen anderen Tagen auch (also nicht so, dass es immer das gleiche gibt – da ist schon jeden Tag was anderes in der Auslage am Buffet, allerdings halt auch nichts wirklich Besonderes). Aber das finde ich jetzt nicht wirklich schlimm, geschmacklich ist das ja alles gut, was es hier so gibt (also schon mal ganz anders als bei meiner ersten Erfahrung mit Mein Schiff).

Freie Tische gibt es auch genügend – das "Ich finde keinen Tisch"-Problem ist hier also nicht wirklich vorhanden. Und noch etwas fällt auf – es sind im wesentlichen Vierertische, die hier stehen (von wenigen Ausnahmen abgesehen). Das Konzept zielt also offensichtlich nicht darauf ab, viele Leute gemeinsam an 6er-, 8er- oder gar 10er-Tische zu setzen sondern jeden individuell zu platzieren. Und für diejenigen, die allein sitzen (wollen), gibt es dann ja die langen Tische mit Blick aufs Meer.

Und an so einem sitze ich heute Abend und bekomme somit unfreiwillig mit, was an den Tischen um mich herum so gesprochen wird. Da wäre zum Beispiel die rüstige Rentnerin mit ihrer Teenager-Enkelin. "Schau noch mal aus dem Fenster – ab morgen siehst Du das nicht mehr." Also so ein typisches Thema, das für Teenager von Interesse ist: "Ich seh' da nur Wasser ..." Was die Oma dazu nutzt, um ihrer Enkelin zu erklären, "dass ich Dich nicht mehr mitnehme, wenn Dir das alles nicht gefällt." Mal davon abgesehen, dass das eine sehr freie

Interpretation der Enkelinnenaussage ist, scheint die ihre Großmutter aber gut zu kennen: "Oma, solange ich noch nicht 15 bin und es für Dich billiger ist, mich mitzunehmen als Deinen Alleinreisezuschlag zu zahlen, wirst Du mich ganz sicher noch mitnehmen ..."

Während ich auf mein Essen aus dem Wok warte, setzt sich eine Frau zu ihrem Mann an den Tisch. Er ist wohl schon vorgegangen und hat schon mal ein Süppchen für sich geholt. "Trinkst Du nichts?", fragt sie erstaunt. Und er: "Doch, Du kannst mir mal ein Bierchen holen." Offensichtlich ist man schon lange verheiratet, denn genau das passiert jetzt ...

Mein Abschiedseis nehme ich dann wie immer mit ins Freie – und genieße dabei an der Außenalsterbar meinen Ramazotti "with ice and lemon". Und während ich mit meinem Eisbecher auf der Suche nach einem Mülleimer bin (die sind in der Tat noch überschaubar verteilt), ergreift ein zufällig vorbeikommender Offizier (2 ½ silberne Streifen) den leeren Becher: "Ich entsorge das für Sie."

Und spätestens jetzt ist klar, was hier mit "Wohlfühlschiff" gemeint ist ...

Auf dem Weg in meine Kabine steigt dann noch ein Paar in den Aufzug. Sie drückt auf "5". Er fragt: "Wohin fahren wir?" Und sie: "Auf 5." Woraufhin er nachfasst: "Und was ist da?" und sie weiß dazu: "Weiß ich nicht." Na dann ... er fragt auch nicht weiter nach – ist ihm wohl zu dumm ;-)

Ich habe jetzt natürlich das Drücken verpasst und bin auch auf Deck 5 gelandet – aber das macht nix. Wenn man von dort die Treppe runterläuft, ist man ja auf 4 – und da ist die TUI Bar. Und dort gönne ich mir noch einen Cappuccino – und bin überrascht. Denn: der wird mit einem Schokotäfelchen mit "Mein Schiff"-Aufdruck auf dem Cappu geliefert – sieht echt edel aus.

Ich nehme dann noch ein Gläschen Hefeweizen mit und entschwinde nun aber final auf meine Kabine. Kurz habe ich darüber nachgedacht, um 21.00 Uhr das überflüssigste Fußballspiel der Welt, nämlich das Spiel um Platz 3 der WM zwischen den Niederlanden und Brasilien in der Sportarena anzuschauen, habe mich aber dazu entschieden, das auf meiner Kabine parallel zum Bildersortieren anzusehen – so wichtig ist das ja nun wirklich nicht.

Auf meiner Kabine angekommen, stellt sich nun noch die Frage, ob es Sinn macht, die Tasche heute schon zu packen und sie vor die Tür zu stellen, damit sie morgen früh im Hafenterminal steht – oder ob es bequemer ist, das morgen früh zu tun und sie selbst mit von Bord zu nehmen.

Und wie immer siegt die Faulheit – nämlich die Faulheit zu überlegen, was da noch draußen bleiben muss und wie ich das dann morgen früh runterbringe. Von daher mache ich heute in dieser Sache nichts mehr außer meinen Wecker 15 Minuten früher zu stellen – länger dauert das ja nicht, die paar Sachen einzupacken (ich nehme einfach alles mit, wo nicht TUI draufsteht) ;-)

Mein Poolhandtuch habe ich bereits vorhin gegen die Handtuchkarte getauscht – ich nehme an, dass die dann morgen beim Verlassen des Schiffs irgendeiner haben will. Mal sehen – geschrieben hat dazu niemand was.

Und dann muss ich mich also doch langsam damit abfinden, dass diese Woche wieder mal viel zu schnell vorbeiging. Ich könnte durchaus noch ein paar Tage hierbleiben – aber gut, da ja bereits am kommenden Mittwoch die nächste Kreuzfahrt ansteht, ist das zu verkraften. Auch wenn ich zwischendurch noch mal einen Tag arbeiten gehe – aber irgendwie muss das ja auch alles bezahlt werden. Ach ja, und bevor da falsche Schlüsse gezogen werden – der eine Tag reicht dafür nicht aus ... ;-)

Inzwischen wissen wir übrigens auch, dass die Brasilianer im eigenen Land nur den vierten Platz bei der WM belegt haben (und deren Spielweise eigentlich noch nicht einmal das rechtfertigt) und unsere Nachbarn mit den Wohnwagen zumindest mal einen Platz schlechter sind als wir ... wobei der Plan für morgen ja dann eigentlich doch auf Sieg ausgerichtet ist. Aber schau'n mer mal ...

Jetzt geht es zumindest erst mal ins Bett, bevor es dann morgen früh wieder heißt: Welcome to Malta!

Sonntag, den 13. Juli 2014

Auf dem Weg nach Hause

Und das heißt es in der Tat sehr früh: bereits vor 5.00 Uhr legen wir auf Malta an. Und da kurz danach die Sonne aufgeht, bin ich mehr oder weniger live dabei. Zum Glück bleiben mir noch rund zwei Stunden, so dass ich zunächst noch ein bisschen weiterschlafe, bevor es dann kurz vor 7.00 Uhr auch für mich „Aufstehen" heißt.

Zunächst drehe ich die obligatorische Runde im Bad, um anschließend mit dem Packen zu beginnen. Und da in einer guten Stunde schon mein Transfer zum Flughafen ansteht, wird es jetzt in der Tat auch mal Zeit. Aber gut, das ist ja in wenigen Minuten gemacht – das Zusammensuchen zu Hause ist wesentlich aufwändiger.

Beim Öffnen meiner Kabinentür fallen mir dann zwei Dinge auf: zum einen hängt an der Tür eine Plastiktüte mit der ausgedruckten Ausgabe der Welt am Sonntag (womit das mit dem Zeitungsabo also auch geklappt hätte) und zum anderen steckt ein Umschlag von TUI im „Kabinenbriefkasten" (das ist ein schmaler Schlitz hinter der Kabinennummer) – vermutlich mit der Bordrechnung. Im Gegensatz zu AIDA bekommt man seine Rechnung hier also noch auf Papier an die Kabine geliefert – dort gibt es die Rechnung ja nur noch als Selbstausdruck an den Internetterminals oder alternativ zu Hause in MyAIDA.

Aber gut, damit befasse ich mich dann erst später – jetzt geht es erst mal zum Frühstück ins Atlantik. Und da ist es noch leerer als sonst – außer mir sind nur noch zwei weitere Passagiere da. Also entweder gehen alle anderen erst später – oder sind weiterhin in den Buffetrestaurants anzutreffen.

Für mich ist das hier jedenfalls die richtige Wahl: während mich einer der Gastgeber an „meinen“ Tisch führt, besorgt der andere bereits den Cappuccino. Und im Hintergrund sehe ich den Buffetwagen schon anrollen. Lediglich den frisch gepressten O-Saft gibt es heute leider nicht – da „die Abrechnungen schon alle fertig gestellt sind.“

OK, scheint dann also so zu sein, dass nach Buchungsschnitt keine weiteren Ausgaben mehr möglich sind – aber gut, da fällt bei Premium Alles Inklusive ja eigentlich auch nichts mehr an. Oder doch – ich würde ja gern noch die Bild am Sonntag als PDF lesen (und jetzt bitte keinen Shitstorm lostreten – natürlich will ich die nur wegen dem Sportteil lesen ... und der ist heute am Finaltag der Fußball-WM natürlich extra dick). Und während ich eigentlich davon ausgehe, dass das nichts wird mit meiner Zeitung, wird sie im Hintergrund schon runtergeladen. Also irgendwie müssen Abrechnungen nach der Abrechnung also doch noch gehen – oder die Zeitung ist heute ein Geschenk des Hauses, äh Schiffes.

Auf diese Art und Weise kann ich dafür übrigens feststellen, dass auch der „normale“ Orangensaft sehr gut schmeckt – klar, er ist nicht frischgepresst, aber der Wasseranteil ist hier doch deutlich niedriger als bei AIDA in den Buffetrestaurants. Von daher gibt es an dem O-Saft nicht nur nichts auszusetzen, nein, er schmeckt sogar gut.

Und dann ist es final so weit: es ist gegessen, was zu essen da war – und die Uhr zeigt 8.20 Uhr: Zeit für den Abschied. Zunächst von den Servicemitarbeitern im Atlantik, dann vom Schiff selbst – ich hole noch schnell meine Reisetasche aus der Kabine und dann geht es über das hintere Treppenhaus auf Deck 2. Noch einmal die Bordkarte vorzeigen und noch einmal winken – eine tolle Woche auf einem tollen Schiff liegt hinter mir. Und auch wenn ich mich auf die anstehenden Fahrten mit AIDA freue – so ein bisschen sehne ich mir dann im nächsten Sommer schon die Mein Schiff 4 bei. Zumindest deutlich mehr als ich das vor dieser Reise vermutet hätte ...

Der Ablauf im Hafen ist dann der altbekannte – die Gepäckstücke, die nachts vor den Kabinen eingesammelt wurden, stehen nach Decks sortiert in einem Gepäckzelt, von wo sie nun sukzessive abgeholt und in die Transferbusse zum Flughafen verladen werden. Da ich meine Tasche ja bei mir habe, führt mich mein Weg direkt zu den Bussen. Meine Tasche wird eingeladen, mein Transfervoucher eingesammelt und 20 Minuten später stehe ich schon am Flughafen von Malta.

Hier geht es nun zu Schalter 3 zum Check-In (ein Web-Check-In war im Vorfeld bei Germanwings leider nicht möglich, da ich die Buchungsnummer nicht kenne und TUI diese auch nicht herausgibt). Die Reservierung meines Sitzplatzes im Vorfeld hat geklappt und so bekomme ich nach etwa 30 Minuten Anstehen meine Bordkarte für 16A – natürlich in der Notausgangsreihe.

Meine Tasche wiegt jetzt übrigens 20,5 kg – und es ist immer noch das gleiche drin wie beim Hinflug (OK, Dreckwäsche ist ggf. minimal schwerer als saubere) – also irgendwie scheinen alle Wagen, mit denen meine Tasche zu tun hat, nur so eine Art ungefähres Gewicht anzeigen. Meine Tasche sollte also irgendwo zwischen 17 und 23 kg wiegen ... so lange dafür aber niemand Geld sehen will, ist mir das ehrlich gesagt auch vollkommen egal.

Als ich beim Check-In meinen Personalausweis aus dem Portmonee nehme, fällt mir da übrigens meine Handtuchkarte entgegen. Stimmt, da war ja noch was ... aber irgendwie hat die niemand sehen oder gar einsammeln wollen. Ich habe keine Ahnung, ob ich da jetzt was falsch gemacht habe – ich hebe sie mal auf, falls irgendwann mal einer Geld für ein blaues Handtuch von mir haben will. Kann aber natürlich auch sein, dass damit nur sichergestellt werden soll, dass jeder nur ein Handtuch benutzt und nicht unendlich viele Handtücher hortet.

Ist jetzt aber auch egal – ich kann's ja jetzt eh nicht mehr ändern. Und so mache ich mich mit meinem Rucksack auf den Weg zum Gate – natürlich nicht ohne Stopp bei der Sicherheitskontrolle. Und siehe da: hier muss ich meinen Gürtel ausziehen – und prompt piepst da auch nix mehr als ich durch die Torsonde gehe. Gibt also doch noch Checks, bei denen wirklich was gecheckt wird. Ob die natürlich auch ein Keramikmesser in einem iPad-Clone gefunden hätten? Man weiß es nicht ...

Hab' ich ja aber eh nicht dabei ... Von daher geht's jetzt weiter in Richtung Gate (von dem die Anzeigetafel jetzt aber nur verrät, dass sie es in vierzig Minuten verrät). Hier findet sich eine Hard Rock Bar, bei der ich mir erst einmal eine große Cola und ein Wasser to go für den Flieger hole – und danach zumindest an einem Tisch sitzen und ein bisschen schreiben kann. Interessant ist auch, dass beides zusammen nur 4,60 € kostet – dafür hätte es in Frankfurt am Flughafen ja gerade mal den halben Liter Cola gegeben ...

Etwa eine halbe Stunde vor Abflug erfahren wir dann, dass wir an D10 abfliegen – wird durchaus auch Zeit, denn wir haben ja alle heute Abend noch einen Termin ☺ Wobei das Einsteigen dann aber doch recht schnell geht – unsere Maschine ist nämlich eine Bombardier CRJ-900 mit gerade mal 90 Plätzen. Immerhin keine Propellermaschine, aber doch irgendwie beengt. Und das werde ich später noch merken, als ich mal kurz die Bordtoilette benutze – hier ist in der Tat rückwärts eintreten angesagt, drehen ist da nicht so wirklich möglich. Und man sollte maximal Schuhgröße 45 haben – sonst passen die Füße nicht zwischen Toilette und Tür ...

Aber es ist zum Glück ja nur ein knapp dreistündiger Flug bis nach Düsseldorf – und mit einem Kaffee, einer 0,2-l-Flasche Wasser und einem halben belegten Brot (immerhin gibt es sowohl Salami als auch Käse zur Auswahl) verhungert man wenigstens nicht unterwegs.

Und so landen wir mit nur rund zehn Minuten Verspätung in Düsseldorf – wenn sich jetzt nicht noch einer auf die Bahngleise gelegt hat, sollte einem spannenden Fußballabend zu Hause ja nichts mehr im Weg steht.

Naja, fast. Denn noch fehlt meine Reisetasche. Und die fehlt auch noch als alle anderen Koffer mit ihren Herrchen schon längst die Heimreise angetreten haben. Das musste ja so kommen – gerade dann, wenn man nicht nur keine Zeit hat sondern das Gepäck auch morgen schon wieder auf die Reise zur nächsten Kreuzfahrt schicken will ...

Aber es hilft ja nichts – ich orientiere mich schon mal, wo denn der Gepäckermittlungsschalter von Germanwings ist als ich bei einem letzten Blick aufs Band meine Tasche einsam vor sich hin fahren sehe. Also entweder ist die wirklich eben erst gekommen oder sie hat sich beim ersten Mal zwischen den anderen Koffern versteckt, so dass ich sie erst jetzt bei der zweiten Runde sehe. Ist mir aber auch egal – ich schnappe mir die Tasche und mache mich auf den Weg durch den Zoll.

Wie immer sehe ich offensichtlich seriös genug aus, um nicht ins Separee gebeten zu werden – und so kann ich mich schon mal auf den Weg zum Bahnhof machen.

Und dazu habe ich bei meinem letzten Flug nach Düsseldorf etwas gelernt – nämlich dass man nicht mit dem Skytrain zum Flughafenbahnhof fahren muss sondern dass man direkt am Terminal den Schildern „S 11“ nachlaufen kann – die führen nämlich direkt bei McDonald's in den Keller zum Terminalbahnhof – und von dort fährt regelmäßig die S 11 in rund zehn Minuten zum Hauptbahnhof. Und das auch noch umsonst, da das Rail & Fly Ticket diese S-Bahn einschließt (und das ist nicht nur eine Vermutung sondern durch eine Fahrkartenkontrolle bestätigtes Wissen). Ach ja, gelernt habe ich das mit der S 11 übrigens durch einen Leser meines Blogs, der meinen letzten Bericht entsprechend kommentiert hat – vielen Dank dafür!

Am Hauptbahnhof habe ich dann noch eine Viertelstunde Zeit bis mein ICE zum Frankfurter Flughafen fährt. Das reicht für den Kauf zwei belegter Brötchen und den Weg ans Gleis. Dort sehe ich allerdings schon von weitem, dass außer dem Fahrtziel noch irgendein Hinweis auf der Anzeigetafel steht. Und jetzt dürft Ihr drei Mal raten, was es ist

... Richtig, die Wagen sind in der falschen Reihenfolge angehängt. ;-)

Dummerweise besteht der ICE aus zwei Teilen, wobei die erste Klasse jeweils außen ist – das heißt rund 400 m auseinander. Und in welchem Teil jetzt Wagen 29 hängt – das steht da natürlich nirgendwo. Und auch der Typ mit der roten Schirmmütze und dem DB-Logo vornedrauf zuckt nur mit den Achseln: „Warten Sie bis er einfährt, dann sehen wir es."

Jupp – und ich sprinte dann mit meiner Reisetasche und meinem Rucksack 400 m zum anderen Ende des Zugs? Super – und warum kommt mir wohl gerade jetzt das Lied von den Wise Guys („Deutsche Bahn") in den Kopf?

Ändert ja aber nix daran, dass da jetzt eine Entscheidung her muss – und die treffe ich, indem ich mich in den Abschnitt A stelle. Und schau mal einer guck: da hab' ich echt Glück – direkt vor meinen Füßen hält Wagen 29. OK, hätte auch schief gehen können – aber wie immer gilt: no risk, no fun.

Ich finde meinen Sitzplatz, bestelle nach der Fahrkartenkontrolle einen Cappuccino und rolle gemütlich in einer guten Stunde bis zum Frankfurter

Flughafen. Dort erwartet mich bereits Tanja (vielen Dank für den Fahrservice), so dass ich eine weitere halbe Stunde später zu Hause ankomme.

Tja, und damit endet eine ereignisreiche Woche auf einem ganz tollen Schiff. Ich bin mehr als positiv überrascht worden und werde ganz sicher weitere Reisen auf der Mein Schiff Flotte buchen. Und vielleicht kriegen die Schiffe in Zukunft auch noch mal vernünftige Namen – denn diese alberne Durchnummerierung haben die Schiffe (und ganz besonders die Mein Schiff 3) wirklich nicht verdient.

Ich packe jetzt jedenfalls mal schnell meine Reisetasche aus, lasse die Waschmaschine ein paar Runden drehen und bereite dann die Tasche für morgen vor – da holt TEFRA die nämlich für meine nächste Kreuzfahrt mit der AIDAcara (Kiel, Shetland Inseln, Island, Spitzbergen, Nordkap, Norwegen, Kiel) ab.

Ach ja, und Weltmeister werden müssen wir nachher ja auch noch ... wird sicher nicht einfach – aber ein 1:0 sollte schon drin sein ... ;-)

Ein subjektiver Vergleich:

“Mein Schiff 3” vs. “AIDA”

Kaum wieder zu Hause angekommen, fragt natürlich jeder: “Und, erzähl doch mal, wie war’s?”, “War das besser als AIDA?”, “Würdest Du das wieder machen?” …

Hier der Versuch einer Antwort, allerdings sehr subjektiv. Jeder wird das sicherlich anders beurteilen, jeder hat andere Prioritäten, die für ihn wichtig sind und jeder hat eine andere Vorstellung von Urlaub auf einem Kreuzfahrtschiff.

Und noch etwas vorweg: Viele haben mir gesagt, dass man TUI und AIDA nicht vergleichen könne, da die Konzepte unterschiedlich wären. Das stimmt, die Konzepte unterscheiden sich – nicht aber die Grundidee einer Kreuzfahrt. Und daher ist das m.E. schon vergleichbar – nur gibt es (meistens) kein "besser" oder "schlechter" sondern eben nur ein "anders". Und ob das dann besser oder schlechter ist – das muss (darf) jeder für sich selbst entscheiden.

Von daher beantworte ich schnell mal die drei Fragen aus der Einleitung bevor ich versuche, die einzelnen Details zu beleuchten und zu bewerten – daraus kann dann jeder die für ihn wesentlichen Punkte herausfiltern und so zu einer Entscheidung kommen, ob die Mein Schiff Flotte für einen Kreuzfahrturlaub in Frage kommt oder nicht.

Also, los geht's ...

Und, erzähl doch mal, wie war's? Also, es war absolut toll und ich habe keine Minute auf dem Schiff bereut.

Besser als AIDA? Anders. Vieles hat mir besser gefallen, manches weniger gut. Schlussendlich muss jeder für sich entscheiden, was ihm davon wichtig ist und was nicht.

Würdest Du das wieder machen? Ja, auf jeden Fall (die nächste Reise mit der Mein Schiff 4 ist schon gebucht) ;-)

So, und jetzt die Einzelheiten im direkten Vergleich zu AIDA:

Service -> Mein Schiff

Fangen wir mal mit einem der wichtigsten Unterscheidungskriterien an – dem Service. Und der Punkt geht aus meiner Sicht klar an Mein Schiff. Zum einen ist allein das zahlenmäßige Verhältnis von Mitarbeitern zu Passagieren bei der Mein Schiff – zumindest gefühlt – größer, zum anderen habe ich eigentlich immer dann einen Mitarbeiter in meiner Nähe gehabt, wenn ich einen gesucht habe. Ob das an den ersten Tagen in den Treppenhäusern war, um bei der Orientierung zu helfen, ob das der doppelte Kabinenservice ist, oder auch einfach der Offizier, der meinen leeren Eisbecher entsorgt hat – ich habe mich einfach gut umsorgt gefühlt. Und nicht, dass das jetzt falsch verstanden wird: Der Service bei AIDA ist durchaus auch auf einem hohen Niveau – aber diese typische „Extrameile", die wird auf Mein Schiff gegangen.

Premium Alles Inklusive -> Mein Schiff

Das ist jetzt einfach in der Bewertung. Das all-inclusive Konzept ist wohl der wesentlichste Unterschied zu AIDA. Und der Punkt geht ganz klar an Mein Schiff. Das ist einfach nur entspannend, wenn sich nicht den ganzen Tag alles um die Bordkarte dreht. Und die Sitzerei in den Restaurants nach dem Essen („Tischweintrinker") findet auf Mein Schiff einfach nicht statt – man geht nach dem Essen an seine Lieblingsbar und macht es sich dort bei einem Drink gemütlich. Und damit entspannt sich natürlich auch die Situation mit den freien Tischen in den Restaurants.

Restaurantkonzept -> individuell

Hier gibt es kein „besser" oder „schlechter" – hier muss jeder für sich entscheiden, was ihm wichtig ist. Bei AIDA finden wir ab der Blu das Brauhaus auf den Schiffen, für mich ein klarer Pluspunkt. Auf der Mein Schiff findet sich dafür die Eisbar und die Backstube. Dafür gibt es mit dem East Restaurant auf AIDA (ab Sphinx II) ein rein asiatisches Restaurant, das es so auf Mein Schiff nicht gibt. Ansatzweise kann man das natürlich im Atlantik Eurasia finden (oder natürlich gegen Aufpreis im Hanami) – abwechslungsreicher ist da aber das East. Andererseits ist der Wok im Anckelmannsplatz ein klarer Pluspunkt für Mein Schiff. Und wer nachts gern noch mal einen Snack zu sich nimmt, wird das Tag & Nacht Bistro besser finden als den California Grill, bei dem der letzte Burger um Mitternacht über die Theke geht. Und natürlich ist das ganze Restaurantkonzept vom Grundsatz her schon mal unterschiedlich: Bedienrestaurants (A la carte) auf Seiten von Mein Schiff und Buffetrestaurants auf Seiten von AIDA. Und die Beurteilung, was da besser ist, kann natürlich jeder nur für sich individuell vornehmen ...

Shows und Entertainment -> AIDA

Ich beziehe das jetzt mal rein auf die Shows, auf Gesang und Akrobatik. Da hat AIDA klar die Nase vorn – da merkt man sofort, dass hinter dem Entertainment ein eigenes Unternehmen steht. Ich will hier nicht von Amateuren sprechen – das würde dem sicher nicht gerecht. Aber genau wie man beim Service auf Mein Schiff die Extrameile geht, wird bei AIDA hier der eine Schritt mehr gemacht.

Internetzugang -> AIDA

Zugegeben, nicht jeder braucht (oder will) im Urlaub ins Internet. Aber wer will, kann das bei AIDA besser tun. Der Minutenpreis ist bei AIDA mit 0,39 € rund 20% niedriger als bei Mein Schiff (0,49 €), aber insbesondere die Möglichkeit bei AIDA eine Tages- (59 €) oder Wochenflatrate (159 €) zu buchen, wird für professionelle oder Intensiv-Nutzer ein wichtiges Kriterium sein. Auf der Mein Schiff ist das buchbare Maximum für 59 € ein 180-Minuten-Paket.

25-m-Pool -> Mein Schiff

Auch der Punkt geht an Mein Schiff. Es ist halt nun mal das einzige Schiff mit einem so langen Pool. Und wer wirklich ernsthaft schwimmen will, wird bei AIDA schnell an seine Grenzen (bzw. an den Beckenrand) stoßen.

Theater, Klanghaus -> Mein Schiff

Wer ein richtiges Theater (und nicht nur ein „Theatrium“) liebt, wird sich auf Mein Schiff wohlfühlen. Und wer darüber hinaus noch das eine oder andere Extra mag, wird sich vom Klanghaus (wieder so ein Exklusivbereich) begeistern lassen.

Theatrium -> AIDA (Sphinx-Klasse)
Wer wiederum ein Freund der offenen Atmosphäre ist, wo man mal zu einer Show gehen und diese dann jederzeit auch einfach wieder verlassen kann, wird natürlich das Theatrium auf den Schiffen ab AIDAdiva vorziehen.

Balkonkabine -> Mein Schiff
Mal abgesehen von der großen Veranda handelte es sich bei meiner Kabine ja um eine normale Balkonkabine. Und die hat mir schon deutlich besser gefallen als die Kabinen auf AIDA. Es gibt mehr Stauraum (viele Schubladen), einen Nachttisch mit Steckdose, das gefühlt besser aufgeteilte und edler ausgestattete Bad, die Nespressomaschine, der große Flachbildschirm, die wertigere Kabinenausstattung – alles das sind Argumente für die Mein Schiff. Aber auch an dieser Stelle noch einmal der Hinweis – wir reden bei AIDA jetzt nicht von „schlecht". Wir reden bei „Mein Schiff" nur von „etwas besser" – und auch das ist natürlich subjektiv.

Frühstück -> Mein Schiff
Das ist für mich wiederum eindeutig. Wer das

Frühstück im Anckelmannsplatz wählt, ist im Prinzip auf AIDA-Niveau unterwegs; wer jedoch das A-la-Carte-Frühstück im Atlantik Restaurant entdeckt hat, wird das jeden Morgen zu schätzen wissen. Entspannter geht es nicht – und: auf AIDA gibt's das im Prinzip auch – allerdings für 18 € (oder nach 100 Nächten an Bord innerhalb von fünf Jahren).

Freiraum -> Mein Schiff

Auch das ist klar zu beantworten: 50 m länger und 5 m breiter – da ist pro Passagier einfach mehr Platz vorhanden. Und das spürt man auch ...

Ausflüge -> Mein Schiff

Das Ausflugsprogram ist erst einmal ziemlich ähnlich gestaltet (was nicht verwundert, sind die Agenturen von Land ja vermutlich die gleichen) – die Buchung über das Internet ist bei Mein Schiff aber einfacher gestaltet (und die Ausflüge müssen nicht vorher bezahlt werden). Außerdem werden viele Halbtagesausflüge sowohl in einer Vor- als auch in einer Nachmittagsversion angeboten, so dass oftmals auch zwei Halbtagesausflüge kombiniert werden können. Und zusätzlich gibt es noch die Möglichkeit, individuelle Vans inklusiv Reiseleiter zu buchen – von daher ist das Ganze bei TUI einfach etwas flexibler.

Saunabereich -> Mein Schiff

Die jeweiligen Saunabereiche sind zwar grundsätzlich vergleichbar und auch ähnlich aufgebaut, bei der Mein Schiff werden die „Standardsaunen" (Biosauna, Finnische Sauna, Dampfbad) halt noch ergänzt um sechs Infrarotplätze, ein Rasul, Fußbecken und einem großen Außenbereich. Der ist auf der Blu aufwärts ja ganz weggefallen, auf der Diva/Bella/Luna gibt es nur den kleinen Balkon und auf den kleinen Schiffen gar nicht (außer dem FKK-Bereich in der Nähe, der aber nicht direkt angebunden ist). Von daher geht der Punkt knapp an die Mein Schiff – aber nur unter der Voraussetzung, dass die Saunascheiben nachträglich verspiegelt werden!

FKK-Bereich -> AIDA

Die Dinge, die es nur auf einem Schiff gibt, sind in der Tat immer schnell bewertet. Auf der Mein Schiff gibt es keinen FKK-Bereich. Von daher kann da nur AIDA besser sein, die auf allen Schiffen ihrer Flotte einen entsprechenden Bereich vorgesehen haben (teilweise sogar mit separaten Whirlpools ausgestattet). Der Sauna-Außenbereich, der zumindest teilweise als FKK-Bereich (zugegebenermaßen verbotenerweise) genutzt wird, ist da nicht mehr als eine Notlösung.

Preis -> ohne Bewertung Dieser Punkt muss ohne Bewertung bleiben, da es eine objektive Form des Preisvergleichs nicht geben kann. Abhängig von Reiseziel, Reisezeit, Kabinentyp und -belegung sowie gewähltem Preismodell gibt es so viele unterschiedliche Preise, die selbst bei AIDA für ein und dieselbe Kreuzfahrt zu zahlen sind, dass ein Preisvergleich zwischen zwei Reedereien, die auch noch aus unterschiedlichen eingeschlossenen Leistungen bestehen, nur unseriös sein kann. Grundsätzlich bewegen sich aber beide Angebote in einem ähnlichen Preissegment (ohne Sonderangebote zu berücksichtigen).

Man sieht also, dass die Frage, ob die Mein Schiff 3 "besser" ist, jeder für sich selbst beantworten muss. Ich hoffe jedoch, dass die (subjektive) Einzelbewertung bei der Entscheidungsfindung hilfreich ist und freue mich natürlich jederzeit über Fragen, die ich gern beantworte.

Ich selbst werde zukünftig unter Berücksichtigung von Preis und Route mit Sicherheit auch die Neubauten von TUI Cruises (Mein Schiff 3 und 4) bei meinen Kreuzfahrtbuchungen berücksichtigen, wobei aber auch AIDA weiterhin Berücksichtigung finden wird. Aber ich muss zugeben – ich bin mit einer gewissen Skepsis an diese Reise herangegangen und wurde nicht nur nicht enttäuscht sondern rundherum positiv überrascht.

Eine persönliche Anmerkung zu AIDA muss aber noch erlaubt sein: ich glaube, dass AIDA sich in naher Zukunft Gedanken über ihr Konzept machen muss. Zehn (bzw. bald elf) Schiffe, die alle mit dem gleichen Konzept unterwegs sind, wird auf Sicht nicht mehr funktionieren. Das ist ja heute schon erkennbar – viele Reisen sind nicht ausverkauft, Restplätze werden über Vario und Just „verschleudert" (7 Tage Mittelmeer 400 €, 7 Tage Kanaren 500 €, ...). Und damit verbunden sind unweigerlich Einsparungen auf der Kostenseite notwendig – sei es am Personal, bei der Auswahl und der Qualität der Speisen oder bei all den Kleinigkeiten, die inzwischen zusätzlich zu bezahlen sind.

Und da kommt dann das Thema „Preis-/Leistungsverhältnis" ins Spiel. Solange ich die Kreuzfahrten als Vario- oder Justangebot zum Schnäppchenpreis buche, ist das Preis-/Leistungsverhältnis absolut in Ordnung. Allerdings sind auf jeder dieser Reisen ja auch genügend Premiumbucher an Bord, die für die Reisen ein Vielfaches bezahlt haben – ohne aber eine andere Leistung zu erhalten als der Vario-bzw. Justbucher (von den zwei Flaschen Wasser pro Kabine und

Tag mal abgesehen). Und für diese Klientel stimmt das Preis-/Leistungsverzeichnis ab einem bestimmten Punkt dann eben nicht mehr – und dann sucht man nach der Alternative, die man aktuell bei der Mein Schiff 3 eben auch findet.

Ggf. müsste man bei AIDA ja mal darüber nachdenken, ein Teil der Schiffe nach einem anderen Konzept zu betreiben. Hierfür könnte man beispielsweise die Cara, die Vita und die Aura einer Generalüberholung unterziehen („aufhübschen") und diese Schiffe danach als „Premium-Segment" in interessante Fahrtgebiete schicken, ggf. auch All-Inclusive einführen und interessante Zusatzangebote an Bord anbieten. Dies könnte dann ggf. irgendwo auf der Ebene zwischen Mein Schiff (3) und der MS Europa (2) angesiedelt sein. Und dafür lässt sich dann auch ein entsprechender Preis in Ansatz bringen, bei dem das Preis-/Leistungsverhältnis (wieder) stimmt.

Die Schiffe ab der Diva bis zur Stella wären dann die „Massentourismus-Schiffe", die nach dem heutigen Konzept betrieben werden könnten – und auch dort stimmt ja das Preis-/Leistungsverhältnis. Und wer ein bisschen mehr bezahlt, findet dann im „AIDA-Premium-Segment" auch ein entsprechendes Angebot.

Printed in Germany
by Amazon Distribution
GmbH, Leipzig

25209013R00106